MÉTAPHYSIQUE

ONTOLOGIE, COSMOLOGIE

PAR

M. de FORNEL de la LAURENCIE

PARIS

LIBRAIRIE CH. DELAGRAVE

15, RUE SOUFFLOT, 15

MÉTAPHYSIQUE

MÉTAPHYSIQUE

ONTOLOGIE, COSMOLOGIE

PAR

M. de FORNEL de la LAURENCIE

PARIS

LIBRAIRIE CH. DELAGRAVE

15, RUE SOUFFLOT, 15

PHILOSOPHIE EN GÉNÉRAL. — Discussion des plans ontologique et psychologique.

ONTOLOGIE.

L'être en soi, l'absolu, l'infini. Connaissance de l'absolu. Relativisme : criticisme, positivisme, idéalisme.

L'être, loi du jugement, du raisonnement, de l'analyse, de la synthèse, de l'association des idées.

Degrés d'être ou entités. Essence : genre et espèce. Controverse des Universaux. Vérités essentielles. Vérités premières. Principes ontologiques. Axiomes.

Vérités existentielles. Principe de raison.

Relations ou rapports : rapports nécessaires et contingents.

Existence : substance et mode.

Rapports *métaphysiques* : qualitatifs, entre essences ; entre essences et existences { *Finalité, le bien, le mal. progrès ; le mal. Modalité, le beau.*

quantitatifs ou mathématiques.

Rapports *moraux.*

Rapports *physiques* : { Dynamiques. — Cause et effet. Cause efficiente. Principe de cau- { Induction ; déterminisme. solité et ses { Moindre action. dérivés : { Ordre. { Économie.

Statiques.

Rapports *cosmiques* : espace, temps, mouvement. Systèmes de Kant, Clarke et Newton, Leibnitz.

Cause formelle et cause finale.

COSMOLOGIE. Le monde extérieur, existence des corps.

La matière, non divisible à l'infini ; l'atome.

La matière. Origine de la matière : hypothèses de la création et de la Nature.

La vie. Origine de la vie : hypothèses de la génération spontanée et de l'hétérogénie.

Nature de la vie ; le fluide vital.

Principe de vie : *l'âme.* Spiritualisme : monodynamisme et duodynamisme. Critique du spiritualisme.

Organicisme. Critique de l'organicisme.

Vitalisme. Identité de la vie et de la pensée.

Dieu. Antinomies du théisme.

Critique des preuves physiques du théisme : Contingence du monde. Mouvement. Ordre de l'Univers. Problème du mal ; pessimisme et optimisme.

— — morales Loi morale, nécessité d'une sanction, consentement universel.

— — métaphysiques — Idée de l'infini, vérités nécessaires, idée de perfection. — Miracles.

Panthéisme : émanatisme, formalisme, idéalisme.

Ontléisme.

MÉTAPHYSIQUE

ONTOLOGIE, COSMOLOGIE

PHILOSOPHIE

La philosophie est difficile à définir régulièrement, car n'étant d'aucun genre ni d'aucune espèce, elle n'a pas sa place marquée dans une classification méthodique des sciences. Elle est au fond, au cœur de toutes les sciences; elle est à leur base, elle est à leur sommet. A toutes elle fournit un point de départ, des principes directeurs, un critérium de certitude, des règles de raisonnement, des méthodes d'investigation et de démonstration. « Si l'on assimile chaque science à un code particulier, la philosophie est comparable à la Constitution qui précède les codes et règle la confection des lois. » C'est sous son empire que les sciences se forment. Puis, quand une science est faite, quand elle est parvenue à son point culminant, quand elle a dit son dernier mot, la philosophie intervient; celle-ci s'empare comme d'un butin des résultats obtenus, les élabore à son tour, et, par un dernier travail de sublimation, les élève à leur plus haut degré de généralité.

Chaque science a pour objet et pour fin un ensemble de vérités spéciales, partielles; la philosophie est la science de la vérité totale, de la vérité proprement dite, du vrai en soi. Toutes les sciences, mathématiques, phy-

siques ou morales, peuvent être considérées comme le
développement d'une seule et même science, celle du
vrai. Or, la vérité est une; ici comme partout nous devons arriver à l'unité qui est l'essence même de la science.
C'est la philosophie qui constitue l'unité scientifique;
c'est elle qui est le lien indissoluble de toutes nos connaissances, comme elle en est le principe. De tout temps,
le philosophe s'est proposé pour tâche l'unification du
savoir en tout sens : son œuvre est une œuvre de systé-
matisation abstraite et dogmatique de l'ensemble des
sciences.

On peut donc définir légitimement la philosophie : la
science des sciences, ou simplement la *science.*

A l'origine, en fait comme en droit, la philosophie fut
l'unique science, la science universelle. Science et sagesse étant synonymes, les savants furent appelés les
sages, d'où le nom de philosophie. Par suite du progrès
des connaissances, les sciences se sont précisées, c'est-
à-dire divisées. Toutes sont issues de la philosophie par
des enfantements successifs. Les mathématiques, qui
appartiennent à l'ordre ontologique, se sont distinguées
les premières, sans sortir du sein de la philosophie. Platon professait avec beaucoup de sens que l'on ne peut
être philosophe si l'on n'est géomètre. Il faut ensuite tra-
verser toute l'antiquité et tout le moyen âge pour trouver
une nouvelle science, la physique, constituée dans son
domaine indépendant. Les grands physiciens du xvii° siè-
cle, Galilée, Descartes, Pascal, Newton, ont été d'abord
des philosophes. La chimie, la physiologie, viennent plus
tard; puis les sciences morales se séparent et se développent isolément.

On distingue aujourd'hui trois ordres de sciences :
1° les sciences *exactes,* purement déductives (ontologie,
logique formelle, mathématiques); 2° les sciences *physiques* et naturelles, surtout inductives, dont quelques-
unes mixtes, c'est-à-dire également inductives et déductives (cosmologie, mécanique, astronomie); 3° les sciences

morales, dénomination commune à toutes les sciences dont l'objet implique un fait de l'homme.

Le domaine classique de la philosophie se compose de trois parties : 1° une partie théorique et spéculative, toute objective : la *Métaphysique*, science des vérités et des causes premières ; 2° une partie mixte, à la fois théorique et pratique, objective et subjective, comprenant la *Logique*, science des formes scientifiques ; la *Morale*, science des droits et des devoirs ; l'*Esthétique*, science du beau et de l'art ; 3° enfin une partie subjective, la *Psychologie*, science des facultés de l'âme.

Si l'on adopte la seule bonne définition de la philosophie, *science des sciences*, le vrai domaine de celle-ci se restreint à la Métaphysique et à la Logique. Dans toute science, il y a deux éléments à considérer : la *matière*, c'est-à-dire les vérités dont elle traite, et la *forme*, c'est-à-dire les procédés qu'elle emploie pour parvenir à ces vérités, pour les découvrir et les démontrer. La métaphysique a précisément pour objet les principes supérieurs qui résument les vérités scientifiques de tout ordre, à un degré transcendant, à savoir, les causes premières et les lois d'où dérivent les faits ; or, il n'y a de science que des causes et des lois ; la métaphysique embrasse donc toutes les sciences quant à leur matière et les contient éminemment. La logique est proprement la science de la procédure, c'est-à-dire des formes scientifiques. Avec la métaphysique et la logique, la philosophie est complète. Dans ce système, la morale, l'esthétique et la psychologie se rattachent à la philosophie, sans en être des parties intégrantes.

V. Cousin partage la philosophie en *phénoménologie* et *ontologie* et prétend subordonner la seconde à la première, les idées ne pouvant s'atteindre, dit-il, qu'au moyen des faits. Nous touchons à la grande controverse relative au plan qu'il convient d'adopter en philosophie, question d'un intérêt capital, question vitale, dont on ne saurait exagérer l'importance.

Discussion des deux plans ontologique et psychologique. — La philosophie peut être conçue suivant deux plans diamétralement opposés : le plan ontologique et le plan psychologique. Ce ne sont pas seulement deux méthodes diverses, mais deux orientations contraires, différentes dans leurs principes et leurs conclusions.

La méthode ontologique, appelée aussi méthode rationnelle et objective, n'est autre que la méthode mathématique. Elle procède *à priori;* partant de l'idée d'être absolu, elle construit progressivement l'édifice de la pensée, à la manière du géomètre qui des idées simples et élémentaires déduit toute la série des théorèmes. L'ontologiste entre de plain-pied dans le domaine intelligible, dans l'ordre objectif, et, prenant pour point de départ les vérités élémentaires, et pour base l'élément de toute connaissance, c'est-à-dire l'être en soi, il déduit les divers ordres de vérités en allant du simple au composé; il cherche les principes dans leur être propre, et non dans l'entendement qu'ils éclairent, mais qui ne saurait les contenir, ni dans la conscience, qui n'a d'eux qu'un reflet. Le système ontologique conçoit la philosophie, ainsi que toute autre science, comme une réalité objective qu'il faut étudier en elle-même, dans son objectivité indépendante du sujet pensant.

La méthode psychologique ou expérimentale et subjective procède *à posteriori* par l'analyse des faits psychiques dont elle fait tout dépendre. Considérant la pensée comme la mesure de toute vérité, elle s'efforce de tirer l'objectif du subjectif et de s'élever régressivement des conséquences aux principes, à la manière des sciences physiques, par voie d'induction; elle prétend fonder la philosophie sur la psychologie.

Le premier système a été adopté par l'école allemande; le second a prévalu dans l'Université depuis l'introduction en France des doctrines écossaises par Royer-Collard et son principal disciple, Cousin. On sait que les chefs de cette école affectaient de dédaigner la métaphysique pour s'attacher presque exclusivement à la psychologie. Celle-ci prit dès lors une influence prépondérante dans les études et relégua au second plan les autres parties de la philosophie. Cette réforme, que ses partisans vantent comme un progrès, n'est, en réalité, qu'une mutilation et une altération profonde de la vraie philosophie. Nous nous proposons de démontrer que ce système est aussi funeste qu'erroné.

De nos jours, l'ontologie a disparu des programmes officiels, où il n'est plus question ni d'être en soi, ni d'absolu, ni de rapports, ni d'essence, ni de substance. La philosophie, amputée de sa partie la plus haute et la plus importante, est un corps sans tête dont toute la vie semble s'être réfugiée dans un seul membre, la psychologie. Ce membre lui-même acquiert un développement anormal en se chargeant de matières nouvelles n'ayant avec la philosophie qu'une relation lointaine. La « philosophie contemporaine » arrive à embrasser tout ce qui tient à l'anthropologie, depuis les problèmes sociologiques jusqu'aux phénomènes spirites : tout devient philosophie, excepté ce qui est l'essence même de la philosophie.

C'est par l'ontologie, plus encore que par la logique, que la philosophie règne sur les autres sciences et que celles-ci se rattachent à elle comme à leur principe. Cela est évident pour les mathématiques. Les sciences de la nature ont pour objet la recherche des causes; mais dans tout problème physique nous rencontrons la substance. Qu'est-ce que la substance? L'ontologie répond : c'est une force. Entre les forces il y a des rapports cosmiques, dynamiques ou statiques qui, en dernière analyse, sont du ressort de l'ontologie. Ces rapports se déterminent tantôt par déduction, tantôt par induction; mais la déduction est d'ordre ontologique; l'induction dérive des principes de causalité et d'ordre qui sont des principes ontologiques. La psychologie n'apparaît à aucun stade de l'investigation scientifique; elle n'y joue aucun rôle. La qualité et l'autorité d'ascendant qu'elle usurpe dans la famille des sciences ne lui appartiennent à aucun titre. C'est l'ontologie qui relie le savant au philosophe; c'est donc elle qui doit inaugurer la philosophie, c'est avec elle et par elle que doivent s'établir les premières assises de l'édifice scientifique.

« Le premier fondement de la science, dit Cousin, c'est la vérité absolue; or, ce qui nous révèle la vérité absolue, c'est la raison, non l'expérience. » Descartes lui-même compare la philosophie à un arbre ayant pour racines la métaphysique. Laromiguière, philosophe peu suspect d'idéalisme exagéré, lui assigne la première place. « Si la plupart des sciences telles que les mathématiques, la physique, la chimie, l'astronomie, peuvent supposer des connaissances antérieures; s'il leur est permis d'ériger en principes des résultats, il n'en est pas ainsi de la métaphysique, qui est la *science originale*. Ici rien ne précède, rien n'est supposé, rien n'est emprunté; nous sommes placés aux *sources de la pensée*, nous assistons à la création de la lumière qui doit éclairer l'intelligence. Les principes de la métaphysique sont les éléments de tout savoir, les premiers rudiments de toute connaissance, ils sont le *commencement de tout*. » Il faut donc commencer par la métaphysique si l'on veut commencer par le commencement.

Le principe nouveau qu'une révolution a substitué à l'ancien, c'est la psychologie. Or, d'après certains partisans de sa suprématie, la psychologie est en dehors de l'ordre philosophique. Cela ressemble à un paradoxe : la psychologie, qui est de nos jours toute la philosophie, n'en ferait même pas partie? Telle est l'opinion de M. T. Ribot, un des chefs de l'école moderne. « La psychologie est, dit-il, une science expérimentale qui se propose l'étude de l'esprit suivant la méthode des sciences naturelles. Le psychologue est un naturaliste d'une certaine espèce, *il n'est plus un philosophe*. » Cournot, un penseur de premier ordre, va plus loin encore; il con-

teste que la psychologie soit une véritable science. « Les
faits psychologiques, dit-il, sont de nature à se traduire
en aphorismes plutôt qu'en théorèmes; ils se prêtent
mal à une exacte définition et à une coordination scientifique; on n'y trouve pas l'enchaînement systématique
qui caractérise la science; ils manquent de précision;
l'indécision de la langue y accuse l'indécision des idées.
L'observation intérieure n'a jamais rien produit qui ressemble à un corps de doctrine; la psychologie est une
simple branche de l'anthropologie, c'est-à-dire de l'histoire naturelle de l'homme. »

La *science des sciences* doit avoir son fondement dans
le général, l'absolu, non dans une science particulière et
relative. Cela est de toute évidence à l'égard des sciences
exactes. Si la psychologie s'imposait aux mathématiques
comme leur base, leur préambule nécessaire, il n'y aurait
plus de mathématiques; subordonnées à la psychologie,
celles-ci perdraient toute certitude, toute valeur objective. Elles ne peuvent dépendre que de l'ontologie, dont
elles sont une branche détachée.

Veut-on, avec de bons auteurs, définir la philosophie :
science de la pensée? Cette définition est plus favorable
au système que nous combattons; acceptons-la. Reste à
savoir comment il faut d'abord étudier la pensée : dans
son sujet ou dans son objet?

La science est la connaissance des lois; or, c'est la
vérité en soi qui est la loi de la pensée. Cette loi n'est
pas dans le sujet ou dans la pensée considérée subjecti-
vement, car la perception subjective n'est qu'un fait tran-
sitoire, particulier, individuel, contingent et mobile : il
n'a aucun des caractères de la loi. Cette loi est donc et
ne peut être que dans l'objet, c'est-à-dire dans l'élément
ontologique de la pensée.

Il y a dans toute vérité connue deux éléments : l'élément objectif et l'élément subjectif. Le premier problème
à résoudre est celui de la vérité en soi avant celui de la
connaissance. Avant d'être connue, la vérité est; elle est

en soi avant d'être dans un esprit. C'est donc dans son
essence d'abord qu'il faut l'étudier. La première question
est celle-ci : quelle est la valeur des principes? quelle est
leur portée *hors de l'esprit?* La pensée n'a de réalité que
par l'être qu'elle pense; c'est l'être qui façonne la pensée, et non pas la pensée qui façonne l'être; c'est dans
l'être que l'esprit voit toutes choses et qu'il se connaît
lui-même. C'est l'abstrait qui éclaire le concret et qui
constitue la vérité d'abord aperçue dans les choses. Certes l'esprit ne débute pas par l'abstraction; il n'a l'intelligence claire des rapports qu'après l'expérience; mais ce
rapport est dans l'abstrait, non dans le concret. Toute
lumière est dans l'abstraction. L'abstrait, loin d'être invisible, est le seul visible, car c'est lui qui rend toutes choses visibles, c'est-à-dire intelligibles. La priorité logique
appartient donc à l'objet sur le sujet.

La philosophie moderne, séparant le sujet de l'objet,
tient la pensée suspendue entre l'être et le néant. Le
point de départ des psychologistes n'est pas la pensée
tout entière; c'est le moi, le moi solitaire et isolé, sans
rapport, sans contact avec la vérité dont il ignore au
début l'existence, le moi qui par lui-même ne peut produire aucune vérité générale, le *cogito* de Descartes.
C'est ce fait de conscience qui sera la base de l'édifice
scientifique, le principe générateur de la philosophie!
Dans ce système, les vérités sont parce qu'on les pense,
les faits internes se transforment en principes.

Nous allons voir les psychologistes tirer de leur propre
fonds une métaphysique et puiser en eux-mêmes les principes absolus, à l'exemple de l'araignée qui tisse sa toile
en l'extrayant de sa propre substance. C'est avec des éléments purement subjectifs qu'ils construisent le système
entier des réalités intelligibles, c'est avec le particulier
qu'ils forment le général, l'universel; avec le complexe
ils font le simple, avec le contingent le nécessaire, avec
le relatif l'absolu!

Cousin prétend trouver les principes dans sa conscience. « La conscience, dit-il, vérifie l'existence des principes nécessaires qui dirigent la raison. Nous pouvons donc affirmer que l'existence des principes universels repose sur le témoignage de l'observation, et de l'observation la plus immédiate et la plus sûre, celle de la conscience. » On ne peut errer plus lourdement. La conscience ne vérifie que des faits internes; elle n'est qu'un témoin, un miroir dans lequel l'esprit voit sa pensée et sa propre existence. Les principes ne sont pas des faits psychiques; ils ont une réalité extérieure au sujet pensant; ils n'existent pas, ils *sont*. Enfin l'observation ne saurait s'appliquer qu'à des phénomènes, non à des vérités absolues; jamais l'observation la plus minutieuse, jamais l'introspection la plus attentive ne fera découvrir le moindre principe. Les vérités absolue ont hors du domaine de la conscience; elles ne résident pas non plus dans les choses, car l'universel ne saurait être contenu dans le particulier, l'infini dans le fini. L'absolu est bien un élément de l'essence des choses, et rien ne peut exister sans porter son empreinte; mais le fait est incapable de renfermer le principe, bien plus étendu, plus vaste que lui et dont il n'est qu'une expression, une application. Il est contradictoire et absurde de prétendre que les principes, qui ont une portée supérieure à l'expérience, soient une conquête de la méthode expérimentale et que l'expérience puisse nous ouvrir des régions inaccessibles à l'empirisme.

Telle est pourtant la prétention des psychologistes, d'arriver à l'ontologie par la phénoménologie.

Dans les sciences de la nature, qui sont des sciences de faits, la méthode empirique s'impose. L'avènement et les progrès de ces sciences datent du jour où elles se sont affranchies des théories conçues *à priori*, et, de déductives qu'elles étaient, sont devenues principalement inductives. Mais il en est tout autrement de l'ontologie, qui est une science d'idées. Les sciences d'observation ont pour objet la recherche des lois qui régissent les phénomènes

observés, c'est-à-dire les rapports existant entre un conséquent connu et un antécédent inconnu; elles remontent
du fait à la loi, de l'effet à la cause. Au contraire, l'ontologie, science des principes, se propose de rechercher les
conséquents inconnus résultant des antécédents connus,
à l'exemple des mathématiques, qui des notions les plus
simples, des principes les plus généraux, déduisent des
conséquences de plus en plus complexes. L'ontologie doit
procéder à l'inverse des sciences expérimentales et descendre au lieu de monter. La science de l'absolu ne peut
partir que de l'absolu, car en partant du relatif elle n'ar-
riverait jamais à l'absolu. Son point de départ est l'être en
soi, l'élément ontologique qui est au faîte de la pensée.
C'est de ce sommet que le philosophe descend, par une
série d'échelons, jusqu'aux vérités inférieures. La *science
des vérités premières* doit débuter par le vrai en soi, le
vrai dans sa plus grande généralité, dans sa plus large
extension. Qu'est-ce que le vrai en soi? Évidemment c'est
la première question à résoudre en philosophie, d'après
la définition commune de cette science. Le vrai est ce qui
est. Les premières des vérités premières sont les vérités
ontologiques ou lois générales de l'être, à savoir les principes d'identité, de contradiction et du milieu exclu. Par
quel renversement de l'ordre normal ces principes sont-
ils rangés dans la psychologie sous le nom de principes
directeurs de la connaissance? On ne saurait plus étrangement méconnaître leur nature, leur rôle, leur importance, que de les étudier dans le sujet pensant. Avant
d'être des lois de l'esprit, ces principes sont des lois de
l'être, des lois objectives de la vérité, des lois intrinsè-
ques des choses. L'ontologiste demeure stupéfait de voir
la formule de l'absolu transformée en un élément du mécanisme psychique, analogue au gouvernail d'un navire;
la quintessence du vrai devenue un chapitre de psychologie! Réduits à ce rôle, les premiers principes ne sont
plus des principes, ce sont de simples faits. Que la psychologie se modifie, ce qui est possible par un change-

ment dans notre constitution mentale opéré dans la suite des siècles, ces principes, qui ne sont que de vulgaires rapports, changeront eux aussi!

La méthode inductive est inapplicable à l'ontologie; au contraire, celle-ci est indispensable à l'induction. Le fondement de l'induction est métaphysique comme celui de la déduction. Sans métaphysique il n'y a aucun raisonnement possible, ni déductif ni inductif. Kant déclare que les intuitions expérimentales, séparées des concepts de la raison, sont aveugles. Auguste Comte lui-même reconnaît que si toute théorie positive doit nécessairement se fonder sur des observations, il est également sensible que, pour se livrer à l'observation, notre esprit a besoin d'une théorie quelconque. « Si, dit-il, en contemplant les phénomènes, nous ne les rattachions point immédiatement à quelque principe, non seulement il nous serait impossible de combiner ces informations isolées, et par conséquent d'en tirer aucun fruit, mais nous serions même entièrement incapables de les retenir, et le plus souvent les faits passeraient inaperçus sous nos yeux. » Et Claude Bernard : « On ne peut expérimenter sans métaphysique, sans principes rationnels, sans l'idée de réalité, de vérité objective. Pour raisonner l'expérience il faut employer l'induction; or, celle-ci repose sur le principe de cause et d'ordre. On ne peut classer les faits, les interpréter, sans certaines idées directrices qui sont du domaine de la métaphysique. » Donc, pas de phénoménologie, pas de psychologie sans ontologie préalable.

Cousin reconnaît que « l'ordre ontologique est conforme à l'ordre universel dans lequel l'homme n'est qu'un résultat; la racine de la psychologie, dit-il, est au fond dans l'ontologie ». Aveu précieux à noter. Mais il objecte aussitôt qu'il n'est arrivé aux principes que par une série d'inductions; d'où l'obligation pour le philosophe d'induire avant de déduire, sous peine de n'édifier qu'une construction sans solidité. « La première chose, dit-il, sur laquelle je tombe nécessairement en m'essayant à

connaître, c'est moi-même. » Donc, pour aller du connu
à l'inconnu, selon le précepte de la *Méthode,* c'est par
l'âme qu'il faut commencer?

Erreur profonde. La première connaissance certaine
est celle de l'objet perçu ; le premier élément qui se révèle dans la pensée, c'est son objet même, connu par l'évidence de la perception directe. Ce n'est que par réflexion
que le sujet se voit dans son idée comme un spectateur
dans un miroir. La première certitude est celle-ci : je
vois l'être, donc il est ; je perçois un objet intelligible,
donc cet objet est, car les deux termes sont équivalents.
Avant que le sujet pensant se replie sur lui-même et s'a-
perçoive dans sa pensée, il aperçoit l'être, objet de sa
pensée ; c'est le premier moment. Il a conscience de sa
pensée ; c'est le second moment. Enfin il constate dans
sa pensée l'existence d'un sujet pensant qui est lui-même ;
c'est le troisième moment. Alors seulement la pensée est
complète. Le premier acte est une vue directe ; le second
naît du premier ; le troisième est une déduction des deux
autres. Le fait de la conscience est postérieur à la pensée
elle-même, car on n'a pas conscience de penser sans penser d'abord, et l'on ne pense pas sans penser quelque
chose. La connaissance du sujet pensant ne vient donc
logiquement qu'en troisième ligne. Si dans le fait de la
pensée Descartes a vu tout d'abord l'existence du moi,
cela tient à ce que cette existence était la première vérité
déduite, le premier raisonnement qui jaillissait du fait de
la pensée. L'objet pensé était connu déjà, mais sans raisonnement, par le fait même de la pensée ; il se révélait
de lui-même avant toute déduction. Cherchant à raisonner, Descartes ne l'a aperçu qu'après avoir raisonné
l'existence du sujet pensant.

Avant tout exercice de la conscience nous connaissons
l'intelligible, c'est-à-dire l'être en soi ou un degré quelconque d'être ; l'élément objectif doit donc tenir la première place et se présenter au seuil de la science du vrai.
Qu'importe que l'esprit ne soit arrivé aux idées que par

une série d'inductions? Qu'importe la genèse de ces idées dans la pensée? Pour bâtir il faut échafauder; mais quand l'édifice est construit, on le débarrasse de ses échafaudages. Le mathématicien aborde d'emblée les rapports quantitatifs, sans se soucier de savoir par quel travail d'abstraction les idées sur lesquelles il opère se sont dégagées de l'expérience. C'est là un problème psychologique certes fort intéressant, mais qu'il n'est ni nécessaire ni utile de résoudre au préalable. Cousin reprocherait-il au mathématicien d'élever une construction sans solidité? Ce sont les ontologistes qui opposeront justement ce grief aux psychologistes.

L'élément ontologique a donc à la fois la priorité logique et la priorité chronologique sur l'élément subjectif. Il est à remarquer que l'homme n'a pas débuté par l'étude de lui-même. Le premier problème scientifique qu'il s'est posé n'était pas de savoir ce qu'il est, mais ce qu'est le monde qui l'entoure. C'est le monde qui a tout d'abord frappé ses regards, éveillé son attention, excité son étonnement et sa curiosité. Le premier philosophe fut métaphysicien; il étudia l'objet de sa pensée avant d'étudier sa pensée elle-même. Il ne s'était pas encore demandé : qu'est-ce que ma pensée? et déjà il se demandait : qu'est-ce que le monde? quelle est son origine?

Ici apparaît une nouvelle prétention des psychologistes. « Il faut, dit E. Rabier, ou renoncer à toute métaphysique, ou bien demander à la psychologie quels sont les caractères essentiels du seul être que nous connaissons, à savoir, notre être propre, pour concevoir ensuite, avec les réserves et les modifications nécessaires, tous les êtres sur le type de cet être-là. Forcément toute conception métaphysique de la nature de Dieu *sera psychologique ou elle ne sera pas.* La nature sera conçue sur le type du moi, c'est-à-dire sur un ensemble de forces, moins les attributs du moi qui ne semblent pas devoir lui appartenir : intelligence, liberté, etc. Dieu sera conçu sur le type du moi, moins les imperfections du moi dont

il est exempt. La psychologie doit donc précéder la métaphysique. » Ces inductions se passent de commentaire.
Au fruit on peut juger l'arbre. Ainsi comprise, la psychologie devient un écueil, un véritable piège pour le
philosophe qui la prend comme point de départ. Dans la
question de Dieu elle aboutit à l'anthropomorphisme ;
dans la question de l'âme elle conduit à substantifier la vie
et la pensée, conclusions qui n'ont rien de scientifique.
Sans nier l'aide que la psychologie, comme toutes les
autres sciences, peut apporter à la cosmologie, nous di-
rons hautement : si la métaphysique doit être psychologique, elle n'est pas. Sans doute le métaphysicien inter-
roge tour à tour chacune des sciences, puisque toutes
sont tributaires de la philosophie. Mais l'erreur des psychologistes est de vouloir ériger leur science particulière
et spéciale, qui n'est qu'une science de vérités secondes,
en fondement de la science des vérités premières.

Le plus étrange reproche que nos adversaires fassent
à notre méthode, c'est de conduire à l'idéalisme par la
négation des vérités contingentes, et au fatalisme par la
négation de la liberté. Comment, disent-ils, arriver à la
nature et à l'humanité par la déduction *à priori?* Comment concilier la liberté, qui est une discontinuité, avec
les jugements nécessaires qui forment la chaîne ininterrompue et continue des conséquences tirées des principes? — Observons que si l'ontologie est essentiellement
et exclusivement déductive, la cosmologie qui étudie
Dieu, l'âme et le monde fait une large part à l'induction,
et par conséquent à l'expérience.

Mais ce vain grief des psychologistes se retourne contre leur système avec une force irréfragable. Ils nous
reprochent de ne pouvoir de la hauteur des principes
descendre aux faits; nous leur reprochons à notre tour,
et plus justement, de ne pouvoir remonter des faits aux
vérités supérieures. Le psychologiste qui prend pour
point de départ la perception interne et qui fait du subjectif la condition et la mesure de l'objectif, ne peut plus

sortir de son moi. Enfermé, muré dans cette étroite pri-
son, réduit aux ressources de sa conscience, il ignore
logiquement tout ce qui n'est pas lui-même et n'a aucun
moyen d'en sortir. S'il reste fidèle à sa méthode, il ne
peut invoquer aucun axiome, aucune vérité absolue, il
est condamné par son système à n'avoir que des connaissances relatives. Le champ de l'objectif lui est interdit,
il ne peut atteindre l'absolu. Les mathématiques pren-
nent à ses yeux un caractère subjectif et n'ont plus qu'une
valeur relative. Aussi les mathématiciens de cette école
(comment peut-il s'en rencontrer un seul?) admettent
que les sciences dites exactes ne sont telles qu'à notre
regard, et que si notre esprit était autrement fait, l'algèbre, la géométrie pourraient nous apparaître toutes différentes de ce que nous les voyons.

C'est assez dire combien cette méthode est dangereuse.
Elle conduit directement et fatalement au relativisme, et
ouvre la porte toute grande au scepticisme absolu; elle
brise toute unité et installe l'anarchie dans le monde
intellectuel. Si la pensée peut se poser seule en principe,
jamais elle n'aura aucun motif de reconnaître d'autre
autorité qu'elle-même. Le psychologisme tend à diminuer le rôle de la raison pure en donnant à la sensibilité,
à l'activité libre, à l'habitude, au consentement universel,
aux traditions, aux préjugés, à l'automatisme de l'éducation et de l'hérédité, à toutes les passions aveugles,
une importance qui diminue la part et la valeur du raisonnement. Par lui le scepticisme envahit de plus en
plus le domaine de la raison; l'éclectisme pénètre partout avec son cortège habituel de superstitions et de tran-
sactions qui sont autant de trahisons de la vérité. Le
discrédit que les psychologistes ont réussi à jeter sur
l'ontologie a contribué à la fortune du positivisme, qui
est antiphilosophique. De même que les sciences physiques ont dû s'émanciper de la scolastique, de même la
philosophie doit, sous peine de périr, secouer le joug de
la psychologie. Autant le règne de l'ancienne philosophie

a été funeste aux sciences de la nature, autant celui de la psychologie l'est actuellement à notre science. La réaction baconnienne, si profitable aux sciences expérimentales, s'est exagérée et a dépassé le but, comme toutes les réactions; les opprimés d'autrefois sont devenus à leur tour les oppresseurs d'aujourd'hui; c'est une séparation des deux ordres que les ontologistes appellent de leurs vœux.

La véritable méthode philosopnique doit débuter par l'ontologie. Sans doute l'étude de la pensée objective, ne pouvant se faire qu'à l'aide de la pensée, suppose connus les faits de conscience et la pensée elle-même; il y a nécessairement au début un postulat qu'il faut admettre provisoirement : la pensée est le postulat de toute science. En ontologie, on fait usage du jugement, du raisonnement et de la méthode avant d'avoir étudié leur valeur en logique. Mais, en commençant par cette dernière science, ne serait-on pas obligé d'invoquer les principes ontologiques avant d'avoir assis ces principes? La logique a pour objet de discerner les vérités premières évidentes des vérités de conséquence et de déduction. Il faut donc déterminer d'abord ce qu'est un principe et quels sont ses caractères, avant de tracer les règles qui tirent les conséquences des principes. La logique, si elle est une vraie science, non un simple art, doit subir la loi commune de a pensée et attendre que l'ontologie lui ait donné des bases. Si l'on débutait par la logique, comment réfuter le scepticisme et tracer la méthode ?

« Ceux qui sont d'avis, dit Cournot, de placer la psychologie en tête du cours d'études philosophiques, donnent pour raison qu'il est dans l'ordre d'étudier les facultés do l'esprit humain avant de procéder à l'analyse des idées que ces facultés lui procurent. Les anciens scolastiques alléguaient un motif tout aussi plausible d'attribuer la priorité à la logique, en observant que celle-ci est l'instrument qui nous sert dans la recherche de la vérité et qu'il faut d'abord apprendre à connaître l'instrument qu'on doit manier. On peut étudier la logique et approfondir une foule de questions qui tiennent à la philosophie générale sans porter son attention sur les fonctions psychiques, tout comme on peut apprendre la gymnastique sans une étude préalable de l'anatomie du corps humain; tout comme un maître de musique peut donner à son élève des leçons profitables, sans être obligé de lui enseigner d'abord les théories de l'acoustique ou l'anatomie de l'oreille. » La logique naturelle, instinctive, et la simple connaissance des *faits* de la pensée, sans celle des *lois*, suffisent à guider l'esprit dans l'étude de la métaphysique.

En résumé, il y a deux systèmes philosophiques, comme il y a deux systèmes astronomiques. Le subjectiviste, attaché au phénomène, érige la conscience et l'expérience en maîtresses de la philosophie et de toute science; il fait pivoter sur le *moi* toutes les idées, toutes les vérités, ainsi qu'on faisait autrefois tourner les astres autour de notre globe considéré comme le centre de l'univers. L'objectiviste, soucieux d'aller au fond des choses, saisit corps à corps la réalité en soi, et, scrutant l'ordre idéal et l'ordre cosmique avec le raisonnement en même temps qu'avec l'expérience, il corrige celle-ci à l'aide des principes, c'est-à-dire de certaines vérités connues *à priori;* remettant toutes choses en place, il promène la pensée autour de l'être, et non pas l'être autour de son esprit; il fait tourner la terre avec les autres planètes autour du soleil, au lieu de faire d'une simple planète le pivot immobile de la gravitation universelle. Le système des psychologistes est celui de Ptolémée, le système des ontologistes celui de Copernic. C'est ce dernier que nous adoptons.

MÉTAPHYSIQUE

La métaphysique est la *science des vérités premières et des causes premières*, ou la *science des premiers principes*, les principes embrassant les vérités et les causes. Aristote l'appelle : *philosophie première*, parce que c'est d'elle que dérivent tous les ordres de connaissances. L'origine du mot est curieuse. Quand on classa les écrits du philosophe, on inscrivit sur ceux qui suivaient ses traités de physique : τὰ μετὰ τὰ φυσικά (ce qui vient après la physique). Le mot *métaphysique* prit ensuite un sens conforme à son objet et qu'elle a gardé depuis.

La métaphysique est le tronc commun sur lequel viennent s'embrancher les diverses sciences. Les racines de ce tronc sont les vérités ontologiques, c'est-à-dire les plus abstraites. À chaque étage se ramifient les vérités spéciales à chaque ordre scientifique. Toute science parvenue à une certaine hauteur est métaphysique. En effet, toute science examine par quelque côté l'absolu qui est le substratum inconnu et intime du monde phénoménal. Les sciences exactes qui ne raisonnent que sur l'absolu ne sortent pas de l'ordre métaphysique; elles sont au pied de l'arbre. Chacune des sciences physiques étudie un mode spécial de l'absolu : le mouvement, les affinités, la vie; mais toutes s'arrêtent à l'idée impalpable, pour ne pas dépasser les limites de leur domaine. Nous ne connaissons dans la nature que des phénomènes, des apparences, dont chaque science mesure et analyse les rapports. La métaphysique embrasse tous ces rapports et les résume en une formule unique. Recherchant la substance des modes sensibles, la source de tout mouvement, le centre de toute action, la raison d'être de toute chose, elle découvre que la réalité véritable des faits ne gît que dans l'idée absolue, et que la phénoménologie des sciences aboutit forcément à l'idéologie. Les sciences morales elles-mêmes s'arrêtent à certains principes généraux. Il appartient à une dernière science, la plus haute, d'élaborer tous les modes et de les ramener à l'unité; ce rôle est celui de la métaphysique.

Les idées métaphysiques constituent l'*au delà* des réalités physiques. Platon les appelle « réalités inaccessibles aux sens et que la raison seule peut atteindre ». Ces réalités transcendantes, ces *êtres de raison,* quoi qu'en disent les positivistes, ont une réalité supérieure aux autres en puissance et en action. C'est le général, l'universel, qui fonde le particulier, bien loin de se fonder sur lui. L'universel précède et engendre l'individuel; l'idée est antérieure et supérieure à la chose. Nier l'absolu ou la possibilité de le connaître, c'est nier la raison elle-même, c'est nier en bloc la valeur des mathématiques. Contester le rôle de l'absolu dans l'ordre des réalités sensibles, c'est méconnaître la loi souveraine des choses. Au fond, ce sont les idées métaphysiques qui mènent le monde. Les idées de droit, de justice, de devoir, sont la base des sciences politiques; c'est pour elles et par elles que s'agite l'humanité. L'homme, dit-on justement, est un animal métaphysique aussi bien que social; c'est le trait qui le distingue des autres animaux; sa raison cherche obstinément la raison des choses et ne s'arrête qu'à la dernière. Possible ou non, la métaphysique est toujours une science nécessaire. Sans la métaphysique, les sciences ne sont que des catalogues de faits régis par des lois. Mais ces lois, que sont-elles elles-mêmes? Des faits généralisés. Qui en garantit la durée? Les vérités mathé-

matiques président à toutes les constructions du génie
humain; si elles n'étaient qu'une vaine conception, rien
ne tiendrait debout de ce qu'a édifié la science. Enfin la
nature obéit à une loi de finalité et de progrès incontestable, et cette loi est toute métaphysique.

Dans la hiérarchie des idées, comme dans toute classification rationnelle, la prééminence appartient aux plus
générales. Si donc le degré d'abstraction, le degré de généralisation des idées, marque leur degré d'importance et
gradue leur valeur, la métaphysique mérite la première
place. Leibnitz dit excellemment : « Je vois la plupart de
ceux qui se plaisent aux mathématiques mépriser la métaphysique, parce qu'ils trouvent dans celles-là la lumière,
dans celle-ci rien que des ténèbres. La cause en est que
les notions générales et celles qu'on croit le mieux connues de tous sont devenues, par la paresse et la légèreté
de l'esprit, ambiguës et obscures. Le mal s'est étendu sur
les autres sciences subordonnées à cette première régu-
latrice. Et cependant, à tout instant les hommes em-
ploient, par une sorte de nécessité, les termes de la métaphysique (substance, cause, action, relation), et ils se
flattent de comprendre ce qu'ils ont seulement appris à
répéter. Il ne faut pas s'étonner si cette science souveraine, qui porte le nom de philosophie première, est encore
à chercher. » L'aridité de la matière n'est pas un motif
de négliger ces questions, si l'on songe à leur fécondité :
elles contiennent en germe toute la science; elles sont à
la fois la base et le couronnement de l'édifice scientifique.

La métaphysique se divise en métaphysique générale
ou *Ontologie*, c'est-à-dire science de l'idéal pur, et en
métaphysique particulière ou *Cosmologie*, science des
êtres concrets ou existants qui constituent le monde réel.
L'ontologie est une science exacte, purement déductive;
la cosmologie participe des sciences exactes, des sciences
morales et des sciences naturelles; elle est à la fois déductive et inductive.

ONTOLOGIE

L'ontologie est littéralement la *science de l'être* ou *des êtres dans leur plus grande généralité*, c'est-à-dire leur plus haut degré d'abstraction; *science des éléments objectifs de la pensée* est la meilleure définition qu'on en puisse donner. L'ontologie est à la philosophie ce que l'algèbre est aux mathématiques.

L'être en soi, l'absolu, l'infini. — L'élément primordial de la pensée est l'*être en soi*, nommé aussi l'*élément ontologique*.

L'être en soi est *ce qui est*. On n'en peut donner une définition conforme aux règles de la Logique, puisque l'idée d'être est de toutes la plus générale, l'être étant le genre suprême qui contient tous les autres et ne peut être contenu dans aucun. Ce qui importe, c'est de ne pas confondre *être* avec *existence*. L'être n'existe pas, il *est*. Être est synonyme d'intelligible; les deux idées sont adéquates et identiques l'une à l'autre; tout ce qui est intelligible *est*, et il n'y a d'intelligible que ce qui est. L'élément ontologique est le fond commun, universel, de toute idée, de toute intelligibilité; il est la racine, l'élément irréductible de tout concept. L'idée d'être embrasse toutes les idées; elle entre dans la compréhension de toute chose intelligible, car on ne peut rien concevoir qui ne soit, qui ne participe de l'être. Par suite, la compréhension de l'é-

2

tre en soi est au dernier degré de simplicité : on ne peut rien affirmer de lui sinon qu'il est. Ainsi la notion d'être réunit le maximum d'extension et le minimum de compréhension, c'est-à-dire une extension infinie et une compréhension réduite à la plus simple expression : l'unité[1].

L'être en soi est aussi nommé l'*absolu,* c'est-à-dire l'inconditionné, le nécessaire, par rapport au relatif, au contingent, qui est subordonné à des raisons d'être spéciales et variables. L'absolu est l'antécédent universel, le relatif est un conséquent. L'absolu est parce qu'il est; le relatif est par telle ou telle raison. L'absolu est, indépendamment de toute circonstance et de tout ce qui n'est pas lui-même; il est la vérité en soi, qui ne peut pas ne pas être ni être autrement. Il est le fondement de toute connaissance, car le relatif ne se connaît que dans l'absolu; pour exprimer le relatif il faut d'abord énoncer l'absolu et partir de lui en y ajoutant une relativité. L'absolu est simple, le relatif complexe. L'absolu est la source universelle de la pensée et, ainsi qu'on va le voir, le principe de toutes les opérations de l'esprit.

L'être en soi ou absolu est infini. L'*infini* est l'être sans limite, la plénitude de l'être. Il peut se concevoir de deux manières : comme infini *actuel* et comme infini *potentiel.* L'infini actuel est celui qui, n'ayant pas de limite, n'est susceptible ni d'augmentation ni de diminution : ainsi la substance ou force infinie, dans l'hypothèse de la Nature. L'infini potentiel est celui qui, présentement limité, est susceptible d'être augmenté ou diminué sans fin. Telle est l'infinité qui s'applique aux quantités mathématiques, où l'infini est une limite impossible à atteindre, mais dont on peut approcher indéfiniment. L'infini mathématique actuel, ce serait une quantité réellement infinie, un nombre infini par exemple, concept évidemment contradic-

1. Si l'on renverse ce rapport et si l'on cherche le maximum de la compréhension, lequel doit logiquement être accompagné par le minimum d'extension, on le trouve dans la substance infinie et unique, constitutive de l'univers, qui est l'objet de la Cosmologie.

toire et absurde. Par quantité « infiniment grande », on entend seulement une « quantité supérieure à toute quantité donnée, et par quantité « infiniment petite », une « quantité inférieure à toute quantité donnée ».

Connaissance de l'absolu. — Au seuil même de l'ontologie se dresse le problème fondamental de la pensée : quelle est la valeur des concepts ontologiques? quelle est la réalité des idées abstraites? l'élément ontologique est-il objectif ou purement subjectif? On voit l'importance capitale de cette question. C'est la base sur laquelle repose tout l'édifice de nos connaissances.

Au *dogmatisme* ontologiste s'oppose le scepticisme sous ses formes multiples, qui toutes se ramènent à une formule unique : la négation de l'absolu. Le scepticisme dit absolu s'attaque à la raison elle-même, dont il conteste la valeur; il nie la certitude, même celle de l'évidence, en vertu de l'argument du *diallèle* qu'il appartient à la Logique de réfuter. Le scepticisme relatif ou *relativisme* nie l'absolu ou la possibilité de le connaître. Il comprend le criticisme, le positivisme et l'idéalisme.

Criticisme. — Kant prétend que nous ne pouvons connaître les choses absolument, c'est-à-dire telles qu'elles sont; que toutes nos connaissances sont relatives, c'est-à-dire de simples représentations subjectives, des formes *à priori* de notre entendement. L'esprit, ne pouvant sortir de lui-même, ne saurait atteindre la vérité objective, c'est-à-dire la réalité en soi; il voit les choses non telles qu'elles sont, mais par les idées qu'il s'en forme.

Positivisme. — Comte, Spencer, Hamilton, n'admettent que les connaissances *à posteriori*, c'est-à-dire la connaissance expérimentale empirique du relatif; ils refusent à l'esprit le pouvoir d'atteindre l'absolu, l'essence, les causes premières, les fins dernières. Dans le système positiviste, la relativité porte sur l'objet; dans le criticisme, elle porte sur la connaissance; l'absolu est inconnaissable, ou il n'est connaissable que relativement.

Idéalisme. — On range sous la dénomination générale d'idéalisme des systèmes fort divers et n'ayant qu'un point commun : la souveraineté du concept, la subordination des vérités à l'esprit qui les façonne : idéalisme objectif de Platon (mal interprété); idéalisme subjectif de Berkeley; idéalisme phénoméniste de Hume, qui n'admet que des apparences, à l'exclusion de toute réalité, le moi lui-même n'étant qu'une collection de phénomènes psychiques; relativisme de Stuart Mill, niant les principes, les lois générales, et n'admettant que des faits, des expériences personnelles; relativisme transcendantal de Kant, poussé à l'extrême par ses disciples Fichte, Schelling, Hégel. (Voir *Panthéisme.*) Fichte renferme toutes les réalités dans la pensée. L'objet et le sujet s'identifient, l'objet n'existant que dans le sujet; si la pensée cessait, l'intelligible cesserait d'être, car il n'est qu'une évolution interne du sujet pensant.

A l'idéalisme s'oppose diamétralement le *sensualisme,* d'après lequel les lois de l'intelligence ne sont qu'un effet des lois qui régissent le monde physique; tandis que l'idéalisme considère les lois du monde physique comme une simple application des lois de la pensée transportées par induction dans le non-moi.

Tous les modes du relativisme, y compris le psychologisme moderne, peuvent et doivent se réfuter en commun, car ils se ramènent tous à la subjectivité de l'idée. Il n'est pas d'erreur plus spécieuse ni plus funeste, car elle aboutit au nihilisme intellectuel, à la négation de toute connaissance.

Le caractère propre de l'idée pure, de la perception, c'est-à-dire du premier moment de la pensée, c'est la passivité. La conscience en témoigne clairement. En présence de l'idée, l'esprit est d'abord passif; il est éclairé, frappé, affecté par l'objet; ce n'est qu'après avoir été mû par cette influence qu'il entre en activité; il observe, il analyse, il combine les éléments de son intuition, mais il ne crée aucune idée; ses facultés ne s'exercent

que sur des éléments reçus du dehors. Rien n'est plus
contraire à la raison et à l'expérience que de représenter
les idées comme des produits spontanés. Dans l'ordre
intellectuel comme dans l'ordre physique, il n'y a que
des transformations, point de créations. Il en est des
idées comme des corps; la science découvre de nouveaux
corps simples qu'elle isole, ou invente des composés
nouveaux, mais elle ne saurait produire un élément. Prétendre que le sujet pensant trouve en lui-même l'objet
de son intuition, c'est dire qu'il le crée, qu'il le fait de
rien. Dans cette hypothèse, l'idée une fois créée, sortie
du néant, aurait ensuite une réalité permanente s'imposant
à tous les esprits; l'idée éclose dans un esprit deviendrait
universelle! On ne peut rien imaginer de plus absurde.

Une intuition ne va pas sans un objet vu; une perception suppose un objet perçu; une connaissance suppose
un connu, comme elle suppose un connaissant. La pensée
est une relation qui exige deux termes distincts, un moi
et un non-moi. Penser à vide, ce serait ne rien penser,
c'est-à-dire ne pas penser. La pensée d'un néant serait le
néant de la pensée. L'objet de l'idée doit donc avoir une
certaine réalité hors du sujet pensant. Ce qui est intelligible *est,* avant d'être intelligible; s'il n'était pas, on ne
pourrait le saisir. Cette réalité n'est point celle de l'existence; ce n'est pas une réalité physique, c'est une réalité
métaphysique, purement idéale, mais c'est une réalité.
C'est l'être, la vérité en soi, d'où émanent toutes les lois
de la pensée. Ces lois ne sont pas dans le sujet pensant,
car les faits de pensée sont particuliers, contingents, mo-
biles; ils n'ont aucun des caractères d'une loi; les lois
de la pensée ne peuvent donc être que dans l'objet, c'est-
à-dire dans l'élément ontologique. Le principe de notre
vie intellectuelle n'est pas nous-mêmes et n'est pas en
nous, mais dans l'intelligible. C'est l'intelligible qui fait
l'intelligent, c'est par l'intelligible, le vrai en soi, que la
pensée existe; s'il n'y avait pas d'intelligible, il n'y aurait
aucune intelligence.

Mais si l'intelligible est distinct de l'esprit, il ne s'ensuit nullement qu'il y ait séparation entre eux et que l'esprit soit obligé de sortir de lui-même pour atteindre la
réalité objective. Le passage du moi au non-moi serait
impossible si cette réalité était extérieure au sujet. L'ê-
tre intelligible pénètre et vivifie l'esprit comme l'air les
poumons. Connaître, c'est pénétrer l'être des choses, s'i-
dentifier à lui et l'identifier à soi. C'est l'erreur princi-
pale de l'école écossaise de prétendre que les réalités
ne sont pas atteintes et saisies directement, immédiatement, par l'esprit et ne lui sont connues que par un intermédiaire, c'est-à-dire par l'idée, « forme intelligible »
qui n'est pas elles, mais qui nous les représente. La contradiction est manifeste. Si ce que nous percevons n'est
pas une réalité, qu'est-ce donc? Comment le non-réel
peut-il représenter le réel? Comment un phénomène
psychique peut-il nous fournir l'idée d'absolu, si nous
n'atteignons pas directement cet absolu? Qu'est-ce que
l'effet produit en nous par l'intelligible, sinon l'intelligible lui-même perçu, c'est-à-dire présent dans l'esprit?
L'idée que nous avons de l'ordre métaphysique n'est et
ne peut être que l'intelligibilité, l'être même des choses.
Si pour les connaître l'esprit devait sortir de lui-même,
il serait condamné à une irrémédiable ignorance de tout
ce qui n'est pas lui; toute objectivité lui serait étrangère,
il n'en aurait aucune idée, il ne soupçonnerait même pas
qu'il y ait quelque chose hors de lui; on ne parlerait
point de l'absolu, on n'y songerait nullement, on ne le
nommerait pas. Y penser, le nommer, c'est le voir et l'atteindre. Pour l'ontologiste, l'idée est l'être lui-même en
rapport direct et immédiat avec le sujet pensant; pour le
relativiste, l'idée est une simple conception. La différence
est capitale. D'un côté, c'est la réalité objective saisie par
l'esprit; de l'autre, c'est une image qui se forme et s'élabore dans la pensée. Qu'est-ce que cette image qui n'est
pas l'être lui-même et qui cependant le représente? On

ne l'expliquera jamais, car il n'y a pas d'explication possible d'une contradiction.

Les mathématiques elles-mêmes ne trouvent pas grâce devant les relativistes, comme sciences de l'absolu. « Nous croyons saisir l'absolu dans les sciences exactes, disent-ils, mais c'est nous-mêmes que nous retrouvons en elles; leur évidence vient de ce que nous y voyons précisément ce que nous y avons mis d'abord. » Si les mathématiques ne contenaient que nos propres concepts, nous aurions conscience des rapports, des séries, des lois que nous y aurions introduits; l'esprit qui aurait *créé* les mathématiques aurait conscience de sa création; et ce qu'un esprit aurait fait, un autre pourrait le défaire. Personne ne s'est encore avisé de modifier les principes et les vérités de cet ordre. Sans doute, quand on dit : $2+2=4$, c'est une simple conception qu'on affirme, c'est le résultat d'un système de numération arbitrairement choisi. Mais si l'on forme le carré de $a+b$, on obtient nécessairement $a^2+2ab+b^2$. Ici l'antécédent $a+b$ est choisi arbitrairement, mais la conséquence est forcée. Ce n'est pas la pensée qui a ainsi formé le carré d'une somme, c'est l'essence des choses. Napier, en concevant les logarithmes, a adopté 1 comme module; la conséquence obligée de ce choix est la base $e=2,718...$ qui n'existait nullement dans sa conception, mais qui est l'aboutissant fatal autant qu'inattendu de son point de départ. Briggs, en adoptant pour base de son système le nombre 10, a obtenu le module 0,43429... que tous les calculateurs trouveront comme lui sans pouvoir y changer un seul chiffre. Le mathématicien trouve donc dans ses calculs autre chose que ce qu'il y a mis. Ce qu'il trouve, c'est l'élément ontologique, l'être en soi, l'absolu. Si les formules mathématiques ne correspondent à rien d'objectif, comment nous font-elles atteindre aux quantités vraies? Comment, avec des formules subjectives, parvenons-nous à prévoir et à maîtriser les phénomènes, si nous n'atteignons pas aux lois véritables? Comment se

fait-il que l'expérience vérifie toujours les calculs régu-
liers, si les lois mathématiques sont des lois de notre
esprit ét non des lois des choses? Dira-t-on que la nature se fait l'alliée complaisante, la complice de nos illusions?

L'objectivité de l'idée est la pierre angulaire sur laquelle repose tout l'édifice de nos connaissances; c'est le
terrain solide, le roc inébranlable que le philosophe ne
doit jamais quitter, sous peine de perdre pied, de flotter
à la dérive et de sombrer dans le doute universel. Appuyé
sur cette vérité, on a facilement raison de toutes les subtilités du relativisme.

L'être, loi du jugement. — On vient de voir que l'élément ontologique est la loi de l'idée. On va retrouver cet
élément à tous les stades de la pensée, comme loi des
diverses opérations de l'esprit : jugement, raisonnement,
analyse, synthèse, abstraction, etc.

Juger, c'est identifier dans un être commun deux notions : le sujet et l'attribut. Le jugement affirmatif prononce l'être identique de deux idées. Le jugement négatif procède également d'une perception de l'être. C'est
l'être qui impose la négation de ce qui n'est pas lui, l'exclusion du contradictoire, de l'impossible, du non-être,
par exemple du cercle carré ou d'un rapport faux. L'idée
d'être est le fond et en même temps la forme de tout
jugement. Toute proposition se forme à l'aide du verbe
substantif *être* pris à la 3e personne du singulier de l'indicatif présent. Les nuances du temps, du nombre, de la
personne, du mode du verbe, s'effacent et se fondent dans
le sujet de la proposition, c'est-à-dire dans la notion elle-
même, dans l'élément ontologique et fondamental. Toute
affirmation aboutit à cette formule : cela est. Ainsi le
futur et le passé, le conditionnel et le subjonctif, se ramènent toujours à l'indicatif présent, parce que toute
modalité est dans l'être, et que dans l'être, il n'y a ni
passé, ni futur; tout est présent et catégorique. C'est

dans l'être présent, éternel, immuable, que nous voyons la convenance actuelle de termes qui n'existent pas encore, qui existeront plus tard ou qui n'existent déjà plus. Si l'être était successif, tout jugement et tout raisonnement seraient impossibles. L'élément ontologique domine et gouverne le jugement; il est le lien commun de toute affirmation; il est la réalité par laquelle une proposition est vraie.

Vérité est synonyme d'être; la vérité est ce qui est; l'être et la vérité sont identiques; les idées d'être et de vérité sont adéquates. La vérité seule *est*. Toute vérité se formule dans l'être. Les Grecs n'avaient qu'un seul mot ὄντως pour dire réellement et véritablement. Le faux est ce qui n'est pas, c'est-à-dire le néant, l'inintelligible. Pour dire qu'une proposition est fausse, on dit : cela n'est pas, cela ne se conçoit pas, cela ne correspond à aucune réalité. Le faux est l'absence, la privation d'être. Le nom positif qu'on donne au faux ne doit pas faire illusion; le faux est purement négatif.

L'être, loi du raisonnement. — On ne peut déduire une vérité d'une autre vérité si celle-là n'est contenue dans celle-ci ; on ne peut tirer une conséquence d'un principe si le principe ne contient pas la conséquence. Donc, pour que la déduction soit légitime, il faut que plusieurs vérités ne soient qu'une seule et même vérité. Rien ne montre mieux l'unité de la vérité et son identité avec l'être. Si l'être d'une notion n'était pas l'être de la notion qu'on lui compare, toute déduction serait impossible. Donc tout raisonnement suppose un être universel et commun dans lequel s'identifient toutes nos affirmations.

Le raisonnement inductif se base également sur l'être, le principe inductif dérivant du principe de causalité dont il sera question ci-après. On démontre d'ailleurs en Logique que le raisonnement inductif se ramène au déductif.

L'être, loi de l'analyse, de la synthèse, etc. — L'esprit peut procéder de deux manières sur une notion. Tantôt il sépare ses propriétés constitutives, tantôt il réunit plusieurs notions simples en une seule. Dans le premier cas, il distingue, sans le diviser, l'être de plusieurs notions identifié par la pensée; dans le second cas, il identifie l'être de plusieurs notions en un seul et même être. Ces opérations ne sont possibles que par la réalité de l'élément ontologique dont elles font voir avec évidence l'unité et l'universalité. Si l'être des notions soumises à l'analyse ou à la synthèse n'était pas réel et s'il n'était pas un; s'il n'était pas susceptible d'être tantôt identifié et tantôt séparé par les concepts dont il est l'objet, on ne pourrait passer ainsi du simple au composé ou du composé au simple; les concepts fournis par l'analyse ou la synthèse n'auraient aucune valeur. En effet, on ne peut passer des éléments au tout et du tout aux éléments, si les éléments ne sont dans le tout et si le tout ne contient les éléments. La synthèse est impuissante à identifier des éléments distincts, et l'analyse à dissoudre l'individu. Ces opérations ne sont possibles que sur des notions unies par l'unité de l'être dans laquelle elles se coordonnent.

L'abstraction, conséquence de l'analyse, obéit à la même loi et suppose également la réalité de l'élément ontologique. La généralisation a pour but de dégager l'être pur d'une notion de tout autre élément qui le complique. L'être est donc la loi et l'objet même de cette opération.

L'examen de la définition, de la division, de la comparaison, de l'association, conduit aux mêmes conclusions. Il n'y a pas de définition purement nominale; le langage n'est rien si la pensée n'est rien. On ne définit que ce qui est, on ne divise que ce qui est et ce qui est un, ce qui est connu comme tel. Comment comparer deux notions qui n'ont rien de commun? La comparaison de deux choses n'est possible que dans l'universel qui les contient. Le lien entre les notions n'est autre que l'élément ontologique qui les constitue toutes. L'objet de nos idées, c'est l'être des choses ; or l'être est une association, une communauté où se rencontrent toutes les idées. Il y a de l'être dans toutes les notions, et c'est l'être qui seul explique et légitime tous les faits de la pensée. La pensée n'a de réalité que par l'être qu'elle implique; nier l'élément ontologique, c'est nier la pensée.

Le néant. — A l'être est opposé le *néant,* qui est la privation, l'absence, l'exclusion de l'être; le néant n'est intelligible que comme négation de l'être. L'idée d'être est positive, celle de néant est négative. Or le terme négatif présuppose toujours quelque chose de positif, sans quoi il ne pourrait être le terme d'une pensée. En algèbre, une quantité négative représente le retranchement d'une quantité positive. Toute idée est positive; le néant n'a pas d'idée. Il ne peut donc être l'objet d'une perception, mais d'un concept associant une négation avec l'idée d'être.

Degrés d'être, entités. — Si à l'idée d'être s'ajoute une spécification, c'est-à-dire un caractère qui augmente sa compréhension en diminuant son extension, on descend un ou plusieurs degrés d'être, selon que l'extension a plus ou moins décru. Les degrés d'être constituent des *entités*.

On distingue trois sortes d'entités :

L'*entité métaphysique* est une idée générale, abstraite, purement idéale, non susceptible d'existence, car seul l'individuel peut exister. Ainsi, un concept mathématique, π, rapport de la circonférence au diamètre, est une entité métaphysique; c'est un degré d'être indépendant de toute réalisation.

L'*entité physique* est un individu existant : ainsi un corps quelconque. On donne aussi ce nom à un phénomène réel.

L'*entité morale* est un degré d'être dont l'existence est

conditionnelle ; ainsi une société, une loi positive, la personne humaine, sont des entités morales dont l'existence dépend de certaines conditions.

Essence. — L'essence d'une entité est *ce par quoi un être est ce qu'il est*. Par abus du terme, on nomme souvent une entité *un être,* qu'il ne faut pas confondre avec l'être. L'essence est l'*idée pure d'un degré d'être,* son intelligibilité, car une entité n'est intelligible que par son essence. Les scolastiques l'appelaient la *quiddité,* ce qui répond à la question *quid ?*

De ces deux définitions de l'essence, la première est objective : elle dit ce qu'est en soi l'essence ; la seconde est subjective : elle dit ce par quoi l'être est connu. *Principium essendi, principium cognoscendi,* selon la terminologie, quelque peu barbare, mais juste et expressive, des scolastiques. L'essence seule est la loi de la pensée, la lumière de l'intelligence. Platon n'admettait comme connaissance que celle des essences, de l'universel, qui seule mérite le nom de science. Il appelait la connaissance des existences une *opinion,* une connaissance bâtarde. Les positivistes, sans souci de cette distinction, confondent à l'envi l'essence et l'existence, ou plutôt ils n'admettent que la seconde. L'idée est la connaissance objective de l'essence, non de l'individualité existante. L'idée de cercle a pour objet non tel ou tel cercle, mais l'essence du cercle. Toutes les idées se réfèrent à l'universel, à l'absolu, souverainement et exclusivement intelligible.

On identifie souvent les deux termes d'*essence* et de *nature.* L'essence se dit surtout des entités métaphysiques et morales. La nature d'un être peut se définir : le principe interne de son activité et de sa passivité, l'ensemble des lois auxquelles il est soumis.

Genres et espèces. — L'essence a pour éléments le *genre* et l'*espèce.*

Par éléments de l'essence il faut entendre les diverses

qualités qui constituent l'essence dans son être distinct;
telles sont pour l'homme l'animalité et la raison. On les
nomme aussi *attributs*, parce qu'ils sont la matière des
énonciations qui se rapportent à une entité ; *propriétés*,
parce qu'ils appartiennent en propre, exclusivement, à
l'essence qu'ils déterminent; *degrés métaphysiques*, parce
qu'ils marquent les divers stades que doit parcourir l'esprit pour obtenir la notion complète d'une entité.

Ces attributs sont en réalité distincts entre eux comme
ils le sont dans l'esprit, puisqu'ils diversifient nos concepts; mais ils ne constituent pas dans un même être des
réalités différentes. Ce n'est que par abstraction que nous
pouvons considérer isolément les divers degrés d'être
qui constituent les essences.

Le *genre* est le caractère supérieur d'une essence, celui
qui domine tous les autres et se retrouve dans chaque
partie de son extension. Les caractères génériques
préexistent à tous les autres : ce sont les plus étendus des
caractères essentiels. Il y a une gradation parmi les caractères génériques ; les genres sont subordonnés les
uns aux autres suivant leur degré d'extension, depuis le
genre suprême de l'être jusqu'au *genre prochain*, celui
qui précède immédiatement l'espèce, en passant par les
genres intermédiaires.

L'*espèce* est synonyme de forme, de figure; c'est le caractère qui distingue le dernier groupement d'individus.
L'espèce détermine le degré d'être d'une essence et lui
assigne sa place parmi les autres; on la nomme aussi
différence spécifique, parce qu'elle précise l'essence et
permet de la distinguer des autres. Le caractère spécifique est celui qui appartient à tous les individus essentiellement semblables;

Les propriétés essentielles d'une entité constituent sa
nature, à l'exclusion des qualités accidentelles, qui peuvent changer sans que la nature change. *Accident* est
synonyme d'*accessoire* et désigne les qualités ou manières
d'être dont la diversité n'altère pas l'essence à laquelle

3

elles s'ajoutent. L'accident ne fait pas partie de l'essence et n'a rien de positif; ce n'est pas un degré d'être. Ainsi les diversités de races n'altèrent pas l'espèce.

Controverse des Universaux. — Il convient de dire quelques mots de la controverse fameuse qui agita et divisa les scolastiques au moyen âge. Les *Universaux,* c'est-à-dire les idées de genre et d'espèce réalisables en un nombre indéfini d'individus, d'où leur nom Universaux, ont-ils une réalité indépendante des individus, comme le voulaient les *réalistes;* ou bien ne sont-ils que des mots, des noms sans objet, au sens des *nominalistes;* ou bien encore n'ont-ils de réalité que dans l'esprit, suivant l'opinion intermédiaire des *conceptualistes,* opinion qui est celle des psychologistes modernes et au fond ne diffère pas du nominalisme?

Cette controverse, si on la dégage des subtilités et des abus de la dialectique où les polémistes se sont laissé entraîner, est loin de mériter le dédain de nos philosophes contemporains. Les formules peuvent paraître surannées, mais le problème n'a pas vieilli : c'est toujours celui qui divise les ontologistes et les psychologistes.

Les genres et espèces ne sont pas de purs vocables sans objectivité; jamais un mot n'a été une idée; une idée qui ne serait qu'un mot ne se concevrait pas. Tous les hommes ne parlent pas la même langue, mais tous pensent les mêmes idées; les mots se modifient, les idées restent. Si l'idée était le mot, le même mot ne pourrait avoir qu'un sens, comme il n'a qu'un son. La parole est un verbe extérieur; l'idée est un verbe intérieur qui précède l'autre. Les Universaux ne sont pas une création de l'esprit, incapable, on l'a vu, de créer une idée. Ils n'existent pas, car rien n'existe que de particulier, d'individuel, de concret; ils *sont,* plus réels que les existences individuelles; ils constituent en dehors de celles-ci des types, des degrés d'être, des essences universelles et éternelles.

Existence. — Aucune idée ne nous est plus familière que celle d'existence, mais trop souvent on confond *être* avec *exister*. Ce sont deux idées bien différentes. L'essence est l'état métaphysique d'une chose; l'existence est son état physique. L'essence est absolue, l'existence relative; ce qui est ne peut pas ne pas être, ce qui existe peut se concevoir comme n'existant pas; l'existence est un simple fait, du moins dans sa notion vulgaire; l'existence s'oppose alors à la simple possibilité comme le réel à l'idéal. On définit vulgairement l'existence : le complément de la possibilité, une addition faite à l'essence, à l'idée pure. Cette définition est défectueuse. L'existence n'est pas un degré d'être ajouté à l'essence; dotée ou non d'existence, l'essence ne change pas, elle est la même. Une essence peut être réalisée en un nombre indéfini d'existences sans que son être augmente. Le même livre peut s'éditer à des milliers d'exemplaires sans s'accroître en tant que livre. Ajouter un chapitre à un livre, c'est augmenter son essence; lui ajouter une édition, c'est augmenter son existence. Quand Phidias aurait reproduit cent fois sa statue de Jupiter, l'idée ou le type primitif n'en serait point accru.

La vraie définition de l'existence se tire de sa comparaison avec l'essence. L'existence est à l'essence ce que le fait, la réalité effective, est à la simple possibilité ou puissance. Exister, c'est exercer effectivement les propriétés de l'essence, c'est réaliser, produire un effet; c'est mettre en œuvre la puissance nue, c'est actuer un degré d'être; or, l'exercice d'une propriété, la réalisation ou production d'un effet, la mise en œuvre d'une puissance, l'actuation d'un degré d'être, impliquent l'idée d'acte; donc exister c'est agir. Une pure passivité, une existence purement inerte, ne se conçoit pas; elle serait contradictoire, car une telle existence n'aurait pas d'essence, n'ayant aucune propriété. Il n'y a de réalité sensible que celle qui est capable de se faire sentir, d'affecter nos sens. La passivité est toute négative; or l'existence est quelque chose de positif. Celle-ci doit donc se définir : *l'exercice des propriétés d'une essence*, ou simplement *un acte*.

Les caractères absolus de l'existence sont : le particulier, le concret; ses caractères relatifs sont : le contingent, le fini, par opposition à ceux de l'essence, qui sont : le général, l'abstrait, le nécessaire, l'infini. Tout ce qui existe est particulier, individuel; le général ne peut exister; ainsi la vie est en soi, mais n'existe que chez les individus vivants. Une notion abstraite est incapable de se réaliser en elle-même effectivement; dans chaque cercle on trouve le rapport π, mais on ne saurait rencontrer cette entité parmi les choses existantes. Ce qui existe pourrait ne pas exister, puisque l'existence est un fait; l'existence n'implique pas comme l'essence une nécessité d'être. Nous ne concevons aucune existence comme nécessaire; cependant une existence nécessaire ne serait pas contradictoire. La contingence n'est donc qu'un caractère relatif de l'existence. Il en est de même de l'infini; chaque existence considérée individuellement nous apparaît comme finie, mais on peut concevoir comme infini le fonds commun de toutes les existences.

Substance et mode. — Les éléments de l'existence sont : la substance et le mode.

Etymologiquement, la substance (*quod stat sub*) est la réalité permanente qui se tient sous les phénomènes transitoires; c'est le support, le *substratum* des apparences sensibles, la chose qui reste quand le fait est passé, la matière dont le phénomène est la forme. Les anciens scolastiques, et après eux l'école cartésienne, ont défini la substance : *ce qui existe en soi*, ce qui n'a pas besoin d'un sujet auquel il soit inhérent et dont il représente seulement un attribut. Ainsi, définie, la substance s'oppose au mode, qui ne se conçoit que comme l'état, la qualité, la manière d'être d'une autre chose sans laquelle il ne peut exister. Cette définition est exacte, mais elle n'exprime pas l'essence, c'est-à-dire l'idée primordiale et fondamentale, la nature intime de la substance. Dire que la substance existe en soi et que le mode n'existe que dans la substance, c'est bien marquer leur différence, mais cette différence n'est pas la différence spécifique qui constitue son essence.

Ch. Wolf, avec d'autres philosophes allemands, a proposé la définition suivante : *un sujet qui dure et se modifie ;* 1° un sujet qui dure, c'est-à-dire qui a une existence permanente, au contraire du mode qui ne dure pas, qui est successif ; 2° un sujet qui revêt des modifications diverses. Cette définition a le même défaut que la précédente : elle ne va pas au fond des choses, elle ne montre pas le lien qui unit la substance à ses modes.

Locke définit la substance : *un sujet,* ce qui la distingue de l'attribut. Il prétend que nous ignorons ce qu'est la substance et que nous savons seulement ce qu'elle fait. C'est dire qu'elle est un principe, une cause. Plusieurs philosophes identifient l'idée de substance avec celle de cause : ils se rapprochent de la vérité. Toute cause est substance, toute substance est cause. Réunissons les deux notions et disons : la substance est le sujet des modes, c'est son côté passif; elle est cause de certains effets, c'est son côté actif.

La vraie notion de la substance dérive de celle d'existence qui est un des éléments essentiels de l'idée de substance. Or l'existence est une activité ; les deux notions sont identiques. C'est donc dans l'activité inhérente à la substance qu'il faut chercher son caractère essentiel. Toute activité implique l'idée de force ; tout acte procède d'une force qui en est le principe, la raison d'être ; c'est l'idée de force qui est primordiale dans la substance ; on doit donc la définir : *une force active.* Cette définition est de Leibnitz. La *force* est un principe d'action ; on peut la définir par réciprocité : *l'action substantifiée.*

Une substance qui ne serait la cause d'aucun phénomène serait une substance indéterminée. Toute substance

déterminée est le sujet de modifications dont la série constitue précisément son existence. La passivité et l'inertie
ne peuvent se concevoir que comme absence d'activité;
elles sont par conséquent purement négatives. C'est par
l'énergie de la substance que s'expliquent nos sensations, les actions réciproques des corps, les affinités chimiques. Les découvertes modernes dans le domaine des
sciences physiques confirment pleinement cette théorie
de la substance, ce qui prouve une fois de plus l'accord
de la métaphysique avec les sciences dites positives et la
valeur des déductions *à priori*. Le dynamisme universel
n'est plus de nos jours une simple opinion, une hypothèse, mais une vérité admise de tous. L'ancienne philosophie avait deviné l'activité immanente de la substance,
cette activité mystérieuse, sans perception et sans intelligence, que les péripatéticiens appelaient qualités occul-
tes de la matière. Leibnitz va plus loin; il attribue à toute
substance une énergie douée de « perception et d'appé-
tition ». On trouvera en Cosmologie, dans l'analyse de la
matière, une nouvelle confirmation de la théorie qui identifie la substance et la force.

Etant donnée la définition de la substance, le mode
doit se définir : *la détermination d'une force*. Il n'y a donc
point de mode purement passif, tout mode impliquant
l'idée d'activité. Les modes sont les phénomènes par lesquels la substance se manifeste; ils sont la partie variable d'une réalité permanente.

Il n'y a point de substance sans mode, ni de mode sans
substance. Les deux éléments sont inséparables dans
toute existence. Une substance ne peut exister sans exister de telle ou telle manière déterminée, et un mode ne
peut se concevoir que comme manière d'être d'une substance. Considérés isolément, la substance et le mode
sont de pures abstractions.

Vérités essentielles. — De la considération des essences résultent les vérités essentielles, vérités de moins

en moins générales, de moins en moins étendues et par conséquent de plus en plus compréhensives à mesure qu'en partant de l'être en soi on descend un ou plusieurs degrés dans l'échelle de l'être. Il y a une hiérarchie entre les vérités comme entre les essences, une subordination analogue à celle des caractères naturels dont les plus généraux sont dominateurs des moins généraux. Chaque ordre de vérités joue le rôle de vérité supérieure ou première à l'égard des vérités inférieures ou secondes; celles-ci sont contenues dans l'extension de celles-là, et réciproquement les contiennent dans leur compréhension. Les vérités essentielles sont, en effet, des vérités analytiques.

Vérités premières. — Les vérités premières entre toutes sont celles qui concernent l'être en soi, dans sa plus grande généralité. C'est pourquoi on les nomme *principes ontologiques.* Ces vérités, fondement universel de toutes les autres, sont les *lois de l'être.*

Principe d'identité. — La vérité en soi, ou la vérité absolue, est la conformité de l'être avec lui-même. C'est la vérité primordiale, élémentaire, première des premières, principe de toutes les autres. Elle se formule ainsi : *l'être est.* Ce principe s'appelle aussi principe d'identité, équation de l'être; c'est la formule de l'évidence dans sa plus grande simplicité : $A = A$. Toute affirmation s'y ramène en dernière analyse.

Principe de contradiction. — Le principe d'identité peut revêtir diverses formes qui se ramènent à la première. Dans sa forme négative il devient le principe de contradiction : *la même chose ne peut à la fois être et n'être pas.* C'est l'affirmation de l'être comme distinct du néant; l'être exclut le néant; les contraires, les contradictoires, répugnent ensemble et sont incompatibles; ils ne peuvent être vrais en même temps. Ce principe est le fondement de la Logique formelle.

Principe d'alternative. — Il n'y a pas de milieu, pas de

moyen terme entre l'être et le néant : *une chose est ou n'est pas.* Une seule des alternatives est vraie entre contraires. Ce principe s'appelle aussi : principe du *milieu exclu.* Il dérive des deux précédents, dont il ne diffère que par la forme.

Ces trois principes sont dits *principes directeurs de la connaissance,* parce qu'ils président à toute évolution intellectuelle et sont le fondement de toute certitude.

Axiomes. — L'*axiome* est une vérité essentielle, évidente de soi et non démontrable. Il est un principe et ne se déduit d'aucune autre vérité; c'est ce qu'indique son nom ἄξιος (qui pousse, qui agit et a une valeur); l'axiome est l'*axe* d'un ordre de vérités. Ex. : Le tout est plus grand que la partie.

On distingue les *axiomes logiques* et les *axiomes mathématiques.* Les premiers sont le fondement de toute déduction. Ex. : *Ce qui est vrai du genre est vrai de l'espèce.* Les seconds sont impliqués dans toute démonstration mathématique. Ex. : *Deux quantités sont égales entre elles si elles sont égales à une troisième.*

Au fond, les axiomes, quels qu'ils soient, ne sont que des modalités des principes ontologiques. $A = B$; $B = C$; donc $A = C$. Pour que la conclusion ne fût pas vraie, il faudrait que A, B ou C cessassent d'être eux-mêmes.

Vérités existentielles. — Les vérités existentielles sont les *vérités de fait,* celles qui concernent non les essences, mais les existences, c'est-à-dire les substances et les modes ou phénomènes. On les nomme aussi vérités *contingentes,* c'est-à-dire adventices, par opposition aux vérités nécessaires, qui sont les vérités essentielles. La vérité existentielle est un fait qui pourrait ne pas exister, ne pas se produire, ne pas arriver, ou bien exister autrement. Elle n'a pas son fondement dans l'essence éternelle et immuable des choses; elle est synthétique, non analytique; elle ne peut donc se ramener au principe d'identité ou de contradiction. Par conséquent il faut chercher sa raison d'être en dehors d'elle-même et recourir à un autre principe que le principe ontologique.

Principe de raison. — On nomme *raison : ce par quoi une chose est telle, et non autre.* La raison est dite *suffisante* ou *adéquate* si elle motive à elle seule la vérité en question. Toute vérité essentielle a en elle-même sa raison suffisante, qui est le principe d'identité : elle est parce qu'elle est. Mais une vérité non essentielle, qui pourrait ne pas être, a besoin d'une raison d'être extrinsèque; le lien qui unit ses deux termes, le sujet et l'attribut, est un rapport de convenance; si cette convenance n'avait pas de raison d'être, elle pourrait être et n'être pas, ce qui est contradictoire. Ainsi la distance de la terre à la lune est de 60 rayons terrestres. Cette distance n'est pas essentielle et pourrait être plus ou moins grande; mais il y a une raison pour qu'elle soit ce qu'elle est, et cette raison étant posée, elle ne peut être autre.

Le principe de raison suffisante dérive donc du principe de contradiction. On le nomme aussi *principe d'intelligibilité,* parce qu'une chose qui n'aurait pas de raison d'être serait inexplicable, inintelligible.

Relations ou rapports. — Toute idée, excepté celle de l'être en soi, de l'absolu, implique une relation et se rattache à une autre idée par cette relation. Ainsi l'idée du vrai par opposition au faux suppose une relation de l'intelligible à l'intelligence qui le perçoit et l'affirme; l'idée du bien opposé au mal contient l'idée de relation de la volonté avec la loi morale; les idées de contingent, de nécessaire, de fini et d'infini sont conçues par relation de l'être en général et de l'être en particulier. *Relation* signifie distinction de deux choses dont l'une est comparée (rapportée) à l'autre. La relation ou rapport peut donc se définir : la *connexion de deux idées,* le lien qui les unit, l'idée qui naît de la comparaison de deux autres. Au moyen du rapport entre deux idées on peut exprimer l'une en fonction de l'autre, c'est-à-dire en prenant l'une des deux pour terme fondamental. Ainsi le rapport qualitatif de père à fils est un rapport de causalité. Le rapport quantitatif de la circonférence au diamètre est un troisième terme π au moyen duquel le premier terme devient fonction du premier et le premier fonction du second, $\pi = \dfrac{c}{2R}$; $c = 2\pi R$.

Il y a deux éléments dans un rapport : 1° les *termes* de ce rapport, c'est-à-dire la matière du rapport ; 2° le *fondement* du rapport, c'est-à-dire la forme, la raison d'être, le pourquoi et le comment du rapport. Tout rapport implique deux termes distincts. Deux idées *corrélatives* sont celles qui s'enchaînent, se combinent, dont l'une entraîne l'autre ; deux idées entre lesquelles on peut établir une comparaison, établir un rapport ; le fondement d'un rapport est la propriété qu'ont les termes de s'invoquer mutuellement, de s'unir et de former un ensemble. Ainsi la circonférence et le diamètre, deux quantités continues, forment un rapport $\dfrac{c}{2R} = \pi$ dont les termes sont c et $2R$ et dont le fondement est leur essence commune de quantités continues, d'où la possibilité d'évaluer l'un en fonction de l'autre, c'est-à-dire en prenant l'un des deux pour unité.

Rapports nécessaires et contingents. — Les rapports se distinguent en nécessaires et contingents. Les rapports *nécessaires* sont essentiels, permanents, invariables ; ils constituent des *lois,* selon l'excellente définition de Montesquieu : *rapports nécessaires dérivant de la nature des choses.* Cette définition est générale et s'applique à toutes les lois quelles qu'elles soient, métaphysiques, morales ou physiques. Les sciences ne s'occupent que des rapports nécessaires ; les rapports *contingents* n'ont rien de scientifique, car ils ne sont que des faits. L'histoire, pour être

une science, doit rechercher dans les faits contingents
l'élément essentiel, la raison d'être, l'enchaînement des
causes. En parcourant le domaine des sciences diverses,
on reconnaît qu'il ne se compose que de corrélations per-
mettant d'exprimer une idée ou un phénomène en fonction d'une autre idée ou d'un autre phénomène. Toutes
les sciences sont donc des sciences de rapports; il n'y a
de scientifique qu'un rapport ou une série de rapports.

Un ensemble, un système de rapports, constitue un
ordre. L'ordre peut se définir : *l'unité dans la pluralité.*
On distingue l'ordre métaphysique, l'ordre moral et l'ordre physique, ensemble des lois qui régissent chacun
des trois ordres. De même les rapports se classent en
métaphysiques, moraux et physiques.

Rapports métaphysiques. — Les rapports métaphysiques sont *qualitatifs* ou *quantitatifs.*

Les rapports qualitatifs sont des rapports entre essences, ou bien entre essences et existences.

Les rapports entre essences sont des rapports d'inclusion. En effet, les essences ou degrés d'être sont toutes
contenues dans le genre suprême *être,* et chaque genre
contient à son tour les genres et espèces subordonnés. Toute vérité essentielle est l'expression d'un rapport d'inclusion entre deux idées, inclusion réciproque
au point de vue de l'extension et de la compréhension
de chacune d'elles. Tout jugement analytique exprime un
rapport entre essences.

Les rapports entre essences et existences sont : 1° des
rapports de *finalité,* 2° des rapports de *modalité.*

Finalité; le bien. — Une existence, c'est-à-dire une
substance ou force active, est par définition l'actuation
d'une essence ou degré d'être. L'être est le principe,
la raison d'être de toute existence, par conséquent de
toute activité, puisque l'existence et l'activité se confondent. On conçoit donc *à priori* que le principe de toute

activité en soit en même temps la loi, la règle, le but, la
fin. L'activité de la substance a un but qui est l'être,
sans quoi elle tendrait au néant. L'élément ontologique,
on l'a vu, est l'objet, le terme de toute pensée; il est la
loi de tout jugement, de tout raisonnement, de toute opération intellectuelle. Pas plus que la pensée, l'activité
volontaire ou non volontaire, consciente ou inconsciente,
ne peut se concevoir sans un but, sans un objet vers
lequel elle tende. Par rapport à l'entendement, l'être est
le vrai; par rapport à l'activité soit libre, soit fatale, l'ê-
tre est le *bien*, le désirable ou seulement l'*appétible*.

L'EXISTENCE TEND A L'ÊTRE. Telle est la formule
fondamentale, la loi universelle des choses. C'est la *loi du
progrès;* le progrès n'a pas d'autre expression. La substance ou force active tend spontanément, fatalement au
mieux, au plus être; son activité est un effort ascendant
vers l'être, vers le parfait. L'être est l'idée que les existences travaillent à réaliser; toute existence tend à réaliser pleinement son essence, c'est-à-dire sa perfection,
son idéal. L'être est le but, la fin de cette tendance, de
cette intention; il est le ressort de l'activité de la substance, la loi de son évolution. L'être est la loi mystérieuse
qui fait l'unité des choses, l'unité des forces, l'unité dans
l'ordre physique comme dans l'ordre métaphysique et
moral. Cette loi est une loi de gravitation essentielle,
métaphysique, analogue à celle de la gravitation cosmique. De même que toute masse est attirée par un centre
de gravité, toute existence est sollicitée par l'attraction
de l'être. C'est une loi mathématique en quelque sorte qui
se déduit *à priori* de l'être et que l'expérience confirme
pleinement, comme elle confirme les calculs mathématiques. On verra en cosmologie que la nature est concentrique dans toutes ses sphères. Rien n'existe que par
l'être et pour l'être; l'être est le double pôle de l'existence;
dérivée de l'être, toute existence tend à l'être comme l'ai-
guille aimantée tend au pôle magnétique. L'être est l'axe
magnétique de toute activité.

La tendance à l'être est la raison souveraine des choses. Aristote a dit : « Le premier désirable meut tout le reste »; et Leibnitz : « Le bien est la cause suprême de toutes choses; » ce qui revient à dire que le bien est l'idée motrice et directrice universelle, celle qui met en branle toutes les forces, comme un pôle invisible actionne de loin les objets qui l'ignorent en se tournant vers lui.

La tendance de l'existence à l'être a reçu le nom de *finalité*, fin étant synonyme de but; finalité signifie *intention*, littéralement *tendance vers*. La finalité ne doit pas être confondue avec la destination intelligente, malgré l'analogie des deux concepts. Intention n'est pas synonyme de pensée. Le type de la finalité étant l'activité humaine, nous sommes portés à assimiler la finalité ontologique à la finalité libre et consciente. Cette manière exclusive de concevoir la finalité est erronée.

Il y a deux sortes de finalités : la finalité *immanente*, la seule dont il est ici question, est la finalité ontologique, essentielle, intrinsèque, inhérente aux choses, nécessaire et fatale. La finalité vitale est un exemple de finalité immanente. La finalité *transcendante* est la finalité extérieure et supérieure aux choses, libre, consciente, intelligente. Telle est celle des œuvres humaines. Une horloge suppose évidemment une intention réfléchie. Dans la cellule, la finalité est immanente, si l'on considère la vie comme une force autonome; elle serait transcendante dans l'hypothèse de la création. La finalité immanente est une vérité métaphysique; la finalité transcendante universelle est une hypothèse qui sera examinée en cosmologie.

Le *principe de finalité*, tel qu'on le formule : *Tout a un but, rien n'est en vain*, exprime une finalité transcendante, hypothétique. Ce n'est pas un principe, c'est un jugement synthétique, non analytique, que l'expérience semble souvent démentir. La vraie formule du principe de finalité est celle de la finalité immanente : *Toute activité*

a un but, toute existence tend à durer, à durer dans l'individu et à se perpétuer dans l'espèce ; de là l'instinct de
conservation et de reproduction. La formule est la même
que celle du progrès : *tout tend au bien,* et par conséquent
au mieux ; loi pour ainsi dire mécanique. L'existence ne
se soutient qu'en progressant, de même que le cycliste ne
se maintient en équilibre qu'à la condition d'avancer.

L'élément ontologique considéré comme fin idéale de
toute activité est le bien en soi, le bien absolu, le *bien
métaphysique.* On peut définir le bien métaphysique : *l'appétibilité de l'être.* L'appétibilité ou la bonté d'une chose
est son aptitude à être le but d'une activité. Le bon est
l'appétible, le désirable, comme le vrai est l'intelligible.

Le *bien moral* est la volition libre du bien, la conformité de la volonté avec l'ordre métaphysique des choses,
avec la bonté essentielle ; il est la loi de la volition. Un
acte bon moralement est celui qui est conforme à l'être
en tant que bien, comme le jugement vrai est celui qui
est conforme à l'être en tant que vrai. Moralité et vérité
sont des idées similaires. Le bien en soi, absolu, est
le fondement de la morale, science des droits et des devoirs humains. La finalité ou bien en soi est la source
des droits et des devoirs. Le *droit* est l'avoir moral d'un
être, le *pouvoir de réaliser sa fin.* Le *devoir* est pour l'ê-
tre libre l'*obligation de réaliser sa fin.* C'est ainsi que la
morale a sa racine dans la métaphysique.

Le *bien physique* en soi est la bonté relative des choses, leur degré d'être, c'est-à-dire de perfection. Relativement à nous, le bien physique est ce qui favorise notre
évolution, ce qui concorde avec notre finalité ; l'expérience l'atteste. Donc le bien physique en soi a son origine, sa règle et sa mesure dans la finalité. Le bien objectif et le bien subjectif devant être identiques, on voit que
le bien en général est un rapport de finalité.

Le mal. — Le *mal* est la négation, l'absence du bien.
On distingue trois sortes de mal. Le *mal métaphysique*

ou absolu est purement négatif; c'est une simple limita-
tion, un défaut d'être, l'absence ou privation du bien,
comme le faux est l'absence du vrai. Le mal absolu n'est
pas; c'est le néant. Le *mal physique* en soi est l'imperfection d'un être, la privation d'un bien physique. Il
consiste dans un désordre naturel qui est chose négative.
Le mal physique subjectif est ce qui gêne, ce qui con-
trarie notre évolution, ce qui s'oppose à notre finalité.
La souffrance qui résulte du mal physique n'a pas d'objectivité; elle est toute subjective. Objectivement, c'est
une négation.

Le *mal moral* est la négation de l'être par la volonté
libre, la préférence donnée au moindre être ou au néant;
c'est un faux jugement estimatif, une évolution erronée.
Un acte immoral ou mauvais est celui qui va à l'encon-
tre de notre finalité, qui viole l'ordre universel. C'est la
fin qui spécifie les actes au point de vue de leur moralité.
Ce qui constitue la moralité d'un acte, c'est la finalité
volontaire, suivant que celle-ci est conforme ou non à la
finalité universelle.

Modalité; le beau. — Le beau est, comme le bien,
un rapport métaphysique entre essence et existence. La
modalité d'une existence est l'ensemble de ses déterminations, c'est-à-dire de ses modes ou manières d'être.
L'essence, c'est-à-dire l'être, est le *modèle* de l'existence,
l'objet de son admiration et de son imitation. La chose
belle (dans tout ordre de beauté) est celle qui se modèle
sur l'idéal, sur l'être, celle qui le réalise dans une certaine mesure. Les relativistes modernes nient l'objectivité du beau et n'y voient qu'une pure subjectivité. S'ils
étaient conséquents, s'ils osaient, ils nieraient également
l'objectivité du bien; car entre le bien et le beau il n'y a
qu'une nuance au point de vue subjectif. Le beau est ce
qui plaît; pour eux il n'est beau que parce qu'il plaît :
c'est prendre l'effet pour la cause. Pourquoi le beau plaît-
il? C'est la question à résoudre.

On peut définir le beau : l'*amabilité de l'être*. Le beau
excite le sentiment admiratif, comme le vrai meut l'entendement, comme le bien meut la volonté. Mais le sentiment admiratif ou *esthétique* est toujours accompagné d'un
jugement affirmant la beauté, et ce jugement ne se conçoit pas sans la perception d'un idéal qui ne peut se trouver que dans l'élément ontologique; car entre l'être et le
néant il n'y a pas de milieu. L'admiration ne peut s'appliquer au néant. En dernière analyse, c'est l'être qui se
trouve au fond de toute esthétique. La tendance de l'existence à l'être explique seule la complaisance, le plaisir
qu'éprouve l'être sensible dans la contemplation du beau.

Platon définit le *beau métaphysique :* la *splendeur du
vrai,* formule équivalente à celle d'attrait ou amabilité de
l'être. La vérité est belle, la science est belle, indépendamment de son utilité, et d'autant plus belle qu'elle est
plus vaste, plus étendue, qu'elle embrasse un degré d'ê-
tre supérieur. Le bien est beau en soi; une bonne action,
élevée à un certain degré de bonté, devient une belle
action. C'est la *beauté morale.* Le *beau physique* ou for-
mel est celui des existences. Un bel objet est celui qui
exprime son type; une existence dont la perfection relative évoque l'idéal essentiel. La beauté physique est toute
symbolique; le beau visible n'est que l'expression, la
traduction du beau invisible qui est l'être. L'étude du
beau appartient à l'*Esthétique.*

Rapports quantitatifs. — Les rapports quantitatifs
sont l'objet des sciences mathématiques. Les mathématiques sont une branche de la métaphysique; elles ne sortent pas de l'ordre ontologique.

On définit la *quantité :* ce qui est susceptible d'augmenter ou de diminuer; ou encore : ce qui peut se mesurer.
Ces définitions sont justes, mais n'expriment pas l'essence
de la quantité, qui se définit mieux : *un ensemble de parties séparables.* Les parties constitutives d'un tout sont
liées ensemble pour former le tout, et cependant sépara-

bles, en ce sens qu'elles peuvent se concevoir comme des unités indépendantes.

Toute quantité concrète est finie, limitée dans le nombre de ses parties et par conséquent non divisible à l'infini. Une quantité abstraite, idéale, peut se diviser à l'infini; l'unité mathématique elle-même peut se diviser sans limite. En effet, en mathématiques l'unité est arbitrairement choisie; on peut prendre pour unité une quantité quelconque, et cette unité elle-même est divisible à l'infini, parce qu'on peut toujours prendre une partie d'une quantité et concevoir celle-ci moindre que toute quantité donnée. Quand nous prenons le dixième, le centième d'une unité, nous ne faisons que substituer une nouvelle unité à la première.

Une quantité est *discrète* ou *continue*. La quantité discrète, discontinue, est celle qui se compose d'unités distinctes conçues séparément l'une de l'autre. On la nomme *quantité numérique* ou *nombre*, parce que ses parties se comptent et se nombrent. On peut définir le nombre : le *rapport d'une quantité quelconque à l'unité qui la constitue*. Chaque unité étant conçue distinctement dans une quantité discontinue, les unités sont considérées, comptées successivement, l'une après l'autre.

Une quantité *continue* est celle dont les unités ne sont pas distinctes et se conçoivent toujours comme liées ensemble. Ainsi une ligne, une surface, sont des quantités continues; mais leurs parties sont séparables, car on peut toujours prendre la moitié, le quart d'une ligne ou d'une surface. Le lien qui unit les unités constituantes de la quantité continue est un lien de coexistence. Si, faisant abstraction des êtres coexistants dans l'espace, nous envisageons, avec leur ordre de coexistence, la pluralité indéterminée de termes coexistants, nous formons le concept d'une quantité continue.

La quantité continue se nomme aussi *étendue*. L'étendue comporte trois dimensions : longueur, largeur, profondeur. La longueur sans largeur ni profondeur constitue la *ligne;* la longueur combinée avec la largeur engendre la surface; enfin les trois dimensions réunies forment le *solide.* Si nous concevons une série indéterminée de termes coexistants, A avec B, B avec C et ainsi de suite, nous formons une ligne dont les éléments sont les *points,* c'est-à-dire des unités correspondantes à celles d'une quantité discontinue. La ligne est donc la coexistence de plusieurs points; plusieurs lignes coexistantes forment la surface; plusieurs surfaces coexistantes, le solide.

La science des quantités discontinues est l'arithmétique; celle des quantités continues est la géométrie. Celle des quantités en général, à un degré supérieur d'abstraction, est l'algèbre. Le concept de quantité discontinue ou numérique peut s'appliquer au concept de quantité continue; l'idée de *quotité* se substitue alors à celle de quantité. Ainsi l'arithmétique et l'algèbre s'appliquent à la géométrie et donnent naissance à la géométrie analytique, qui serait mieux nommée algébrique.

Les rapports quantitatifs, quoique engendrés par l'idée d'existence, constituent des rapports essentiels, absolus, parce qu'ils sont perçus et analysés dans leur essence pure, abstraction faite de toute existence.

Rapports moraux. — Les rapports moraux, objet des sciences morales, sont ceux qui impliquent dans leurs termes un élément humain. Les sciences morales ont, comme toutes les autres, leur racine dans la métaphysique. La Logique, science des rapports de l'entendement avec le vrai; la Morale, science des rapports de la volonté avec le bien; l'Esthétique, science des rapports de la sensibilité avec le beau, font partie intégrante de la philosophie, suivant l'usage adopté, soit à raison de leur relation immédiate et directe avec chacune de nos facultés, soit parce que les rapports qu'elles étudient sont à la fois métaphysiques et moraux.

Rapports physiques. — Les rapports physiques sont

ceux des existences entre elles. Ces rapports sont *dyna-miques* ou *statiques*. Les premiers sont l'objet des scien-ces physiques, les seconds des sciences naturelles pro-prement dites.

Les rapports dynamiques entre les existences consis-tent dans les actions réciproques qu'exercent les subs-tances les unes sur les autres. Les substances étant des forces, c'est l'exercice même de ces forces qui donne nais-sance aux *rapports de conséquence* entre les phénomènes successifs. Les rapports *statiques* sont des *rapports de simultanéité* entre les caractères des types divers d'exis-tences qui composent l'univers. Ces rapports constituent l'ordre de la nature.

Tout rapport dynamique comprend deux termes : une cause, un effet.

Cause.

Cause. — La *cause* en général est *la raison d'être d'un phénomène.* Raison d'être signifie ici raison d'exister, principe d'existence d'un effet. Il ne faut pas confondre la cause avec la raison d'être. Celle-ci est plus générale : toute cause est une raison d'être, mais toute raison d'ê-tre n'est pas une cause. Ainsi une vérité supérieure est la raison d'être d'une vérité subalterne sans en être la cause. La raison d'être proprement dite est intrinsèque à une chose ; sa cause lui est extrinsèque.

On distingue la cause efficiente, la cause formelle et la cause finale.

Cause efficiente.

Cause efficiente. — La *cause efficiente* est celle qui produit directement le phénomène par sa propre action. La cause efficiente est à proprement parler la seule cause véritable, la seule qui mérite le nom de cause. Elle est l'antécédent d'un conséquent ; donc elle est nécessaire-ment antérieure à l'effet. Cette antériorité est logique, mais non toujours chronologique. L'effet et la cause peuvent être simultanés ; par exemple, un phénomène électrique est lumineux et sonore en même temps.

L'ancienne philosophie admettait que la causalité efficiente consiste dans un *influx* physique, c'est-à-dire un
écoulement de la cause dans l'effet (*in - fluxus*) et, par
suite, que la cause est transitive, qu'elle passe dans son
effet. C'est bien ce qui a lieu pour la cause physique;
dans le monde matériel, aucune force ne se perd; elle ne
fait que se transformer et passe d'un corps à l'autre
sous une forme tantôt identique, tantôt nouvelle.

Plusieurs causes efficientes peuvent concourir à la
production d'un effet en agissant successivement les
unes sur les autres. On distingue alors une *cause première* dont l'effet est une *cause seconde,* qui en produit
une troisième, et ainsi de suite jusqu'à la *cause prochaine*
produisant immédiatement l'effet ultime. La cause première et les intermédiaires sont les *causes médiates.* La
causalité est la continuité de deux ou plusieurs phénomènes, par conséquent l'unité d'une dualité ou d'une
pluralité. La cause intelligente est la volonté, type de causalité; mais toute cause n'est pas une pensée, comme le
veulent certains philosophes. La pensée est un effet, non
une cause première.

Principe de causalité. — Le principe de causalité est
contenu dans le principe de raison d'être et dérive de
lui. Il se formule de plusieurs manières qui se ramènent
à une seule : *tout ce qui se produit a une cause.* Dire que
tout effet a une cause serait une tautologie. Tout ce qui
change est changé par quelque chose (Aristote). Rien ne
vient de rien (Hamilton). Tout ce qui commence est produit (Hume). La causalité est universelle (Stuart Mill).

Le principe de causalité est synthétique, si on le considère dans sa compréhension qui est expérimentale.
L'attribut du jugement n'est pas identique au sujet; l'a-
nalyse de l'effet ne saurait faire retrouver la cause. Car,
si la cause était identique à l'effet, celui-ci ne serait
plus un effet, il se confondrait avec la cause. Si la cause
est distincte de l'effet, ce qui l'en distingue étant diffé-

rent de l'effet ne peut être retrouvé en lui. L'effet est contenu éminemment, virtuellement, dans la cause. Le principe de causalité est analytique dans son extension.

Dérivés du principe de causalité. — Du principe de causalité dérivent plusieurs principes qui ne sont que des variétés du genre.

Le *principe d'induction :* les mêmes causes produisent les mêmes effets, les mêmes effets procèdent des mêmes causes. Ces deux vérités se résument dans une formule unique : *tout dans la nature est soumis à des lois universelles et constantes.* Ce principe est le fondement des sciences physiques et des sciences morales réelles.

Le *principe d'ordre,* appelé aussi principe d'*induction naturelle,* est une variété du principe d'induction : *tout dans la nature est soumis à une loi générale d'unité.* Ce principe est le fondement des sciences naturelles proprement dites; les sciences physiques étudient les causes efficientes; les sciences naturelles, les causes dites finales.

Les principes de causalité et d'induction combinés forment le *déterminisme* scientifique, qui consiste dans les propositions suivantes :

1° Il y a des lois préétablies, fixes, qui règlent l'apparition, l'ordre et la forme des phénomènes.

2° Dès que la condition d'un phénomène est remplie, ce phénomène doit se produire nécessairement et invariablement.

3° Dans des conditions identiques, tout phénomène se reproduit identiquement; les conditions se modifiant, le phénomène se modifie.

Le déterminisme, déduit *à priori* de l'idée de cause, est vérifié par une expérience constante et universelle qui lui donne la valeur de l'évidence.

Le *principe de moindre action* découle de l'idée de cause. Toute cause étant une raison suffisante, doit expliquer l'effet. Elle doit suffire à le motiver et ne lui être

ni inférieure, car elle serait insuffisante, ni supérieure,
car elle serait inutile, inefficace partiellement; elle cesserait dans une certaine mesure d'être cause, puisque l'effet s'expliquerait en partie sans elle. C'est ce qu'exprime
le principe de moindre action, en vertu duquel *à un minimum de cause doit correspondre le maximum d'effet.*
L'expérience confirme ce principe et nous montre que la
nature suit toujours les voies les plus simples et les plus
directes. *Rien n'est en vain.* Une cause inutile est une cause
imaginaire. De même qu'en chimie les corps se combinent en proportions définies de chacun d'eux, les phénomènes se produisent en proportion d'une cause; un excé-
dent de cause serait contraire à la loi du déterminisme.
Soit la cause C, raison suffisante d'un effet; l'hypothèse
d'une cause C + C' serait contradictoire, puisque C' serait
en même temps cause et non-cause.

Le *principe d'économie* (Bossuet) est une application
du principe de moindre action aux vérités de l'ordre
moral : *ne pas employer le plus là où le moins suffit.* La
vérité est simple; la vraie science est simpliste; toute
solution simple d'un problème est plus probable qu'une
solution complexe. Mieux les rapports sont connus, plus
ils se simplifient; tout ce qui rapproche de l'unité rapproche de la vérité.

Cause formelle. — La *cause formelle* est la loi qui lie
le phénomène causant au phénomène causé. Si l'on isole
dans l'effet la règle, la loi selon laquelle il se produit, on
a la cause formelle, qui est une pure abstraction. L'effet
est un changement, un devenir mobile dont le mouvement
s'opère d'après une loi; la cause le produit sans changer elle-même. Une cause n'est cause qu'en ce qu'elle
possède d'immobile et de permanent; il n'y a donc que
la substance qui puisse produire, c'est-à-dire être cause
efficiente. C'est le mécanisme des causes efficientes qui
est la forme véritable de tous les événements.

En vertu du principe de causalité, nous regardons

tous les phénomènes de l'univers comme produits et causés; ainsi, en dehors des volontés libres, tous les êtres sont pris dans l'engrenage d'un déterminisme universel, tous sont régis par une nécessité invincible. Mais si la loi selon laquelle un effet se produit dépend elle-même d'une autre loi, il est clair que celle-ci est seule la vraie cause; l'autre n'est qu'un moyen, un intermédiaire, un agent de transmission, et non la cause proprement dite. Il s'ensuit qu'il n'y a de vraie cause que la cause indépendante. Mais rien n'exige que cette cause soit nécessairement intelligente et libre. La cause formelle est toute idéale : elle est, elle n'existe pas.

Cause finale. — Ce qu'on appelle *cause finale* est une cause intelligente, qui agit avec discernement, se propose une fin de ses actes et exécute un plan préconçu. La cause finale est un concept résultant de la combinaison de l'idée de cause efficiente et de celle de finalité. Ce concept représente la finalité transcendante, dont il a été question dans l'étude de la finalité en général, concept opposé à celui de la finalité immanente.

Si l'on définit la cause finale : *ce pourquoi une chose se fait,* on définit la fin, le but d'une opération causale; on ne définit pas une cause, car cette cause n'en est pas une. Dans toute causalité, la cause existe avant l'effet; ici c'est l'effet qui précède; l'idée préexiste au fait, et comme c'est elle qui détermine la cause efficiente, il s'ensuit que la cause finale est sa propre cause, la cause de sa cause. L'effet faisant partie d'un tout qui est le plan, on pourrait dire que le tout, l'idée de l'ensemble, est cause de la partie. La cause finale est donc improprement appelée cause, si on l'entend comme cause intentionnelle. L'intention n'est pas une cause qui puisse s'intercaler dans la série des causes productrices d'un phénomène. Le même fait peut se produire avec intention ou sans intention; dans le second cas, le fait restant identique, une de ses causes aurait disparu sans qu'il se modifiât? L'intention est un rapport entre l'idée et le fait; un rapport d'association, de similitude, mais non un rapport de cau-salité proprement dite. La cause est un dynamisme; or, la cause finale n'est pas dynamique sans la cause efficiente; elle n'est donc pas une cause. La cause est une force, la cause finale une idée. Si la cause finale est considérée comme une cause, elle est logiquement la seule cause; les causes efficientes ne sont plus que des moyens qui tendent à l'obtention de l'effet. Ce qu'on nomme principe des causes finales n'est pas autre chose que le principe de finalité, qui est un rapport essentiel entre essences et existences.

Effet. — L'*effet* est *ce qui est produit par la cause*, ou ce qui a sa raison d'être dans une cause distincte de lui-même. L'effet est le terme de l'opération causante; il est logiquement postérieur à la cause.

L'effet doit être possible intrinsèquement et extrinsè-quement. La possibilité *intrinsèque* ou métaphysique est l'absence de contradiction entre les éléments de la com-préhension. La possibilité *extrinsèque,* c'est-à-dire phy-sique, est la préexistence d'une cause capable de le pro-duire. Au fond, ces deux possibilités n'en font qu'une et sont inséparables. La possibilité n'admet pas de degrés; une chose est possible ou impossible, sans moyen terme.

On donne le nom de possibilité *morale* à la probabilité plus ou moins grande d'un concours fortuit de circons-tances, étant donné le cours habituel des choses. Ainsi il est moralement impossible qu'un joueur ait vingt, cent fois de suite les mêmes cartes, si celles-ci sont mêlées après chaque coup. La possibilité morale admet des de-grés qui ne sont autres que ceux de la probabilité.

Rapports cosmiques. — Les *rapports cosmiques* sont les *rapports qui lient les substances entre elles comme élé-ments constitutifs des corps.* Les substances peuvent exis-ter et se concevoir indépendamment les unes des autres, dans leur individualité propre et distincte. Dans cette hypothèse, il y aurait des substances, il n'y aurait point de corps, par conséquent point d'univers. Pour constituer des corps, les substances doivent *coexister,* c'est-à-dire co-agir, agir ensemble, exercer les unes sur les autres des actions réciproques, en un mot, être en relation d'activité. Des forces séparées, sans relation entre elles, absentes les unes des autres, ne pourraient constituer ni des corps ni un monde étendus. D'autre part, sans mutualité d'action, point de changement, point de succession, point de temps; immobilité absolue, point de mouvement. Donc, sans relations dynamiques entre les existences, point de relations cosmiques. Ce sont les relations actives des substances qui engendrent, ainsi qu'on va le voir, les relations d'espace, de temps et de mouvement.

Nature de l'espace, du temps et du mouvement. — Trois systèmes se sont produits sur cette question.

Système de Kant. — D'après Kant, les idées d'espace et de temps n'ont aucune objectivité. Ce sont des formes *à priori* de notre sensibilité, c'est-à-dire de la faculté par laquelle nous saisissons les faits externes. Cette faculté est soumise à des lois fatales qui sont ses formes nécessaires, *à priori,* parce qu'étant la condition indispensable de l'expérience, elles ne peuvent provenir d'elle. Donc, nos concepts d'espace et de temps sont inhérents à notre esprit, purement subjectifs et sans objectivité. Nous ne pouvons rien concevoir en dehors de l'espace et du temps, parce que telle est la loi de notre entendement; mais il n'y a en réalité ni espace ni temps.

Système de Newton et de Clarke. — Ce système, diamétralement opposé au précédent, attribue à l'espace et au temps une réalité absolue, indépendante de toute substance existante; il les considère comme des contenants qui pourraient être sans contenu, des récipients infinis, des capacités qui pourraient être vides. Que le monde s'évanouisse, l'espace subsistera; que tout phénomène cesse, le temps continuera de s'écouler.

Système de Leibnitz. — Entre ces deux systèmes contraires se place celui de Leibnitz, d'après lequel l'espace et le temps ne sont ni purement subjectifs ni absolument objectifs et réels en soi, mais consistent en relations, en rapports entre les substances existantes. Nous concevons l'espace et le temps comme des réalités indépendantes de nous-mêmes; ces concepts sont donc autre chose que des formes de notre sensibilité, car ce qui est subjectif ne peut se séparer du sujet pensant et est inconcevable hors de lui. L'espace et le temps ne sauraient exister en eux-mêmes, car il nous est impossible de les concevoir, abstraction faite de tout corps, de tout phénomène, c'est-à-dire indépendamment de termes juxtaposés. S'ils existaient en eux-mêmes, ils seraient illimités, infinis; or, une capacité infinie est contradictoire, car une capacité est une quantité capable d'augmentation ou de diminution; une série de successions ne peut non plus être infinie; toute série doit commencer, car elle se compose de plusieurs termes qui se nombrent, et il n'y a pas de nombre infini. Enfin cette réalité absolue et indépendante qu'on attribue à l'espace et au temps doit avoir des parties contiguës ou distantes, présentes, passées ou futures, à moins d'admettre une autre réalité qui contienne celle-ci, et ainsi de suite, indéfiniment. Si l'on n'admet pas dans l'espace et le temps des parties contiguës, distantes, présentes, etc., comment les choses qui y sont contenues auront-elles la contiguïté, la distance, la présence, etc.? Donc, d'une part, l'espace et le temps ne sont pas des réalités absolues, et, d'autre part, ils ne sont pas de purs concepts sans objectivité. Il faut donc leur reconnaître une réalité relative et dépendante des existences.

L'espace. — L'espace doit se définir : *l'ordre des coexistants en tant que coexistants.* Par coexistants il faut entendre les êtres dont les existences forment des rapports de causalité, condition nécessaire de l'espace. Imaginons, par un effort d'abstraction, qu'aucun corps n'existe : il n'y a rien que le vide, l'absence d'êtres, le néant. Dire que le vide existe, qu'il est infini, c'est attribuer une réalité au néant, ce qui est contradictoire. Créons par la pensée un premier corps quelconque. Ce corps n'a point de place, il n'est situé nulle part, il n'est point dans l'espace; hors de ses dimensions et de sa propre étendue il n'y a point d'espace autour de lui. Imaginons un second corps indépendant du premier et sans relation avec lui. Point d'espace encore; les deux seuls corps qui existent sont incapables de se rencontrer jamais, ni d'agir l'un sur l'autre. Ainsi d'un troisième, d'un quatrième, indéfiniment. Mais qu'un rapport de coexistence, d'action réciproque, s'établisse entre eux, ils deviennent présents l'un à l'autre, immédiatement ou médiatement. Soient les substances S, S', S″, S‴ liées ensemble par une mutuelle dépendance, de sorte que la substance S soit là cause du mode de la substance S', celle-ci du mode de S″ et ainsi de suite. Il y a un ordre, une subordination entre ces diverses coexistences; S coexiste immédiatement avec S', et S' avec S″; S coexiste médiatement avec S″ et avec S‴. L'espace n'est pas autre chose que cet ordre de coexistences formant un ensemble où la situation de chacune est déterminée. Quand on veut « situer » un objet, c'est à l'aide de ses relations qu'on désigne la place qu'il occupe. On dit, par exemple, que la lune est sur une orbite distante de la terre de 60 rayons terrestres; la terre, sur une orbite distante du soleil de 24,000 rayons terrestres; le soleil, dans une certaine constellation dans l'univers; et l'univers? On ne peut répondre à cette question, faute d'une relativité, c'est-à-dire de relations avec un autre système, puisqu'il est le système universel de tous les corps. L'univers n'est pas dans l'espace, il n'occupe pas de lieu, il n'est situé nulle part : il est l'espace.

Au delà du corps qui est à l'extrême limite, à la frontière de l'univers, il n'y a point d'espace *réel;* il n'y a rien. Pour prolonger l'espace par la pensée, nous devons imaginer un corps qui s'éloigne du centre et augmente l'espace réel. C'est l'espace *possible* que nous concevons ainsi. L'espace possible est infini, comme l'essence, la possibilité des choses; mais il est l'infini potentiel, non l'infini actuel.

L'espace *réel* n'est pas divisible à l'infini. En effet, si une étendue donnée pouvait se diviser à l'infini, elle aurait un nombre infini de parties et l'on ne pourrait jamais la parcourir. Sans doute une ligne est mathématiquement divisible à l'infini, puisqu'on peut en prendre une fraction plus petite que toute quantité donnée; mais il s'agit ici d'une division idéale; la division réelle, effectivement possible, s'arrête à la plus petite dimension que peut avoir un corps.

Un *lieu* n'est pas, selon la notion vulgaire et erronée, une portion déterminée de l'espace, mais *l'ensemble des relations de coexistence qui lient une substance avec les autres.*

L'*étendue* est un pur phénomène, le résultat de la combinaison ou de l'action réciproque des forces. Une pluralité de résistances en un même lieu, discontinue en soi, mais continue pour nos sens, engendre le phénomène ou rapport d'étendue. Ce ne sont point des zéros d'étendue qui s'ajoutent, car leur somme ne saurait former une étendue. Ce sont des forces qui se croisent et dont le croisement forme un point; le rapport entre points produit l'étendue ou dimension.

Le temps. — Le temps est l'*ordre des successifs en tant que successifs.* Deux phénomènes sont dits successifs quand le commencement de l'existence de l'un se lie avec la fin de l'existence de l'autre. S'il n'y avait pas cessation de l'un, il y aurait simultanéité. La succession des phénomènes ou actes peut exister soit dans la même substance, soit dans deux substances coexistantes. Dans la même substance, les modes se succèdent en se remplaçant, en se substituant l'un à l'autre; il y a succession, parce que les modes actuels d'une substance engendrent les suivants, la substance déjà modifiée étant la cause de ses modes ultérieurs : tel est le fondement de la succession. Mais il peut y avoir également succession entre les modes de deux substances, pourvu que ces substances soient en relation de coexistence, c'est-à-dire que les déterminations de l'une soient la raison des déterminations de l'autre. Entre des variations indépendantes et sans lien il n'y aurait pas de succession.

Par *ordre* de succession il faut entendre la subordination de plusieurs termes successifs, c'est-à-dire leur dépendance mutuelle, de telle sorte qu'ils forment un ensemble, un enchaînement de successions immédiates ou médiates. Les phénomènes successifs sont passés ou futurs les uns relativement aux autres.

Tous les jugements que nous formons en matière de temps consistent uniquement en rapports de succession comparés. Quand un fait s'est-il produit? Pour répondre à cette question, il faut déterminer les relations de succession de ce fait avec d'autres; car si le fait ne succédait à aucun autre, on ne pourrait lui assigner une place dans le temps. Imaginons qu'aucun phénomène ne se produise : le temps est supprimé avec les successions; il n'y a qu'un moment unique qui persévère et qu'on nomme l'éternité. On considère à tort l'éternité comme un temps illimité, une durée plus grande que toute durée imaginable. L'éternité n'a pas de durée, c'est l'immobilité des choses, précédant ou suivant la série des changements.

Le temps a commencé, ce n'est pas douteux, car il est une série de successifs; or, toute série a un terme initial; le temps ne peut donc être infini en durée; il a commencé avec les phénomènes de la nature. Il n'est pas divisible à l'infini, car il impliquerait un nombre infini de successions, ce qui est absurde; de plus, il durerait éternellement, la série des moments partiels qui le composent ne pouvant s'épuiser. La division d'une durée peut se faire idéalement à l'infini, comme la division d'une quantité quelconque dont on peut prendre une fraction toujours plus petite. Mais si le moment a une réalité, il y a une limite à sa divisibilité; c'est la limite assignée à la rapidité des successions *réelles*. La rapidité des successions idéales est seule sans limite.

La durée se mesure au moyen d'une unité conventionnelle, par exemple la durée des oscillations isochrones d'un pendule, ou les révolutions de notre globe soit sur son axe, soit autour du soleil.

Mouvement. — La notion de mouvement est une synthèse de celles d'espace et de temps. On définit vulgairement le mouvement : l'état d'un corps qui occupe successivement plusieurs lieux. Il s'ensuit que le mouvement est une relativité, non une chose absolue. S'il n'existait qu'un atome unique et sans étendue, le mouvement serait impossible, cet atome n'étant en aucun lieu et ne pouvant dès lors changer de place. Le mouvement doit se définir : *le rapport du temps et de l'espace*. Pour qu'un mobile aille du point A au point B, il faut qu'il y ait une distance, un espace entre A et B. En outre, le mobile ne peut être en A et en B simultanément, mais successivement. Logiquement et chronologiquement, le temps et l'espace précèdent le mouvement. En mécanique rationnelle le mouvement est une fonction. Les coordonnées d'un point, c'est-à-dire les distances d'un point à trois plans fixes, sont variables ou invariables selon que le point est en mouvement ou en repos. Les coordonnées sont des variables dépendantes du temps, qui est lui-même la variable indépendante. Les variations ont nécessairement un point de départ, qui est le commencement du temps, puisqu'elles sont en fonction du temps.

COSMOLOGIE

La Cosmologie, littéralement *science du monde*, a été définie : *la science des causes premières*. Elle est une sorte de physique supérieure, les sciences physiques ayant pour objet les causes secondes, celles qui régissent immédiatement les phénomènes sensibles. La Cosmologie étudie la réalité substantielle en elle-même et recherche son origine, sa constitution intime, ses lois primordiales. Les sciences dites naturelles ont pour objet les types organiques et inorganiques qui constituent le monde; la Cosmologie a pour objet le monde invisible qui se cache sous le monde visible : la force, la vie, l'âme, Dieu ou la Nature, cause suprême de toutes choses.

Dans cette partie de la Métaphysique, on passe du domaine des essences à celui des existences, de l'ordre des idées abstraites à celui des réalités concrètes, du monde idéal au monde sensible, d'une science exacte à une science à la fois physique et morale. Les problèmes qui se posent en Cosmologie sont d'un tout autre genre que ceux qu'on agite en Ontologie; la méthode change également; elle n'est plus seulement déductive, mais surtout inductive. Les vérités premières, qui sont les vérités ontologiques, sont des vérités d'évidence. La connaissance des causes premières comporte une certitude autre que celle des vérités d'intuition. L'Ontologie est un dogmatisme rigoureux comme celui des mathématiques; la Cosmologie n'est, au fond, qu'une suite d'hypothèses entre lesquelles la science hésite et dont elle se borne à faire la critique. Si l'Ontologie est la science absolue, la Cosmologie mérite bien le nom de science relative. Les solutions qu'elle propose ne sont pas pour la plupart des solutions arrêtées, définitives; le vrai philosophe, qui sait douter du douteux, ne les considère que comme des probabilités; il n'est absolu que dans ses négations, il n'est affirmatif qu'à l'égard des contradictions, des incohérences, des antinomies qu'il relève dans les divers systèmes. Sa tâche est ici moins d'édifier que de critiquer.

La Cosmologie, science des primordialités substantielles, comprend trois objets : le monde, l'âme ou la vie et Dieu, suivant la division traditionnelle de la substance en matière et esprit soit fini, soit infini. La théodicée forme ordinairement une science spéciale, sans doute à cause de son importance. Mais il semble plus rationnel de traiter ensemble la double question de Dieu et de la Nature, si l'on doit comparer les deux solutions proposées du problème des origines ou des causes premières de l'univers.

LE MONDE EXTÉRIEUR

On entend par *monde extérieur* l'ensemble des causes qui affectent nos sens. Les impressions ou sensations dont notre conscience atteste l'existence sont par nous objectivées et attribuées à des réalités externes auxquelles nous donnons le nom de *corps.*

Existence des corps. — La première question qui se pose en Cosmologie est celle de la réalité existentielle des corps, réalité niée par les idéalistes subjectivistes.

Selon Berkeley, les prétendus corps que nous imaginons exister hors de nous ne sont rien de plus que nos propres sensations, des projections au dehors de simples états de conscience; nos perceptions externes sont des illusions, des hallucinations, des rêves bien liés. D'ailleurs, s'il y avait, par hypothèse, une réalité existante hors de nous, il nous serait impossible de l'atteindre, nos sensations étant purement subjectives, et le sujet pensant ne pouvant sortir de lui-même pour communiquer avec l'extérieur. La matière est donc simplement *conçue,* et non point *connue* par l'esprit. Son existence est une hypothèse imaginée pour expliquer nos sensations et qui échappe à toute vérification. D'après Fichte, le monde extérieur n'est qu'une création de la pensée. Dans le système de Hume et de Stuart Mill, le monde extérieur consiste uniquement dans des possibilités de sensations coexistantes ou successives qui ne se réalisent que dans la conscience.

Pour le vulgaire, le problème ne se pose même pas. Il croit saisir, percevoir directement les corps, et leur connaissance lui paraît évidente. Pour le logicien, le fondement de cette croyance n'est pas l'intuition, qui ne s'applique qu'à l'intelligible pur, à l'essence même des choses, non à leur existence. Le jugement qui affirme l'existence des corps est un jugement synthétique, non un jugement analytique; il résulte d'une propension naturelle instinctive qui nous porte invinciblement à cette affirmation et qui engendre la certitude subjective, dite certitude du sens commun. Cette certitude subjective devient objective au moyen d'un raisonnement que l'habitude transforme pratiquement en évidence. Cette propension universelle et constante, aussi bien que nos sensations elles-mêmes, exige une cause; or cette cause ne saurait être qu'une réalité objective correspondante à nos sensations. S'il n'y avait rien hors de nous, nos diverses impressions manqueraient de raison d'être. Il est absurde de penser que l'esprit enfante lui-même la multitude de ses sensations et soit l'auteur de ses impressions passives, souvent pénibles, douloureuses, contre lesquelles il s'efforce de réagir. L'accord permanent des sensations entre elles rapportées à une même objectivité, suppose nécessairement l'unité de cet objet, unité dont nos sensations ne peuvent être que le signe, l'expression harmonique.

La matière. — La matière est ce qui constitue les corps, c'est-à-dire le fond des réalités sensibles.

Les anciens, Leucippe, Démocrite et Épicure, considéraient la matière comme un agrégat de particules ou atomes doués de mouvement. Descartes prétendit réduire la matière à la simple étendue géométrique, ce qui aboutit à nier sa réalité; car l'étendue est un rapport abstrait, et non une substance réelle. Leibnitz compose les corps de simples forces ou monades. H. Spencer réduit la matière au mouvement, lequel ne se conçoit pas sans une substance mobile.

Il ne faut pas identifier la matière et la substance. La matière est un effet dont la substance est la cause. L'ancienne philosophie disait : la matière est une espèce du genre substance. Elle admettait deux substances irréductibles : la matière et l'esprit, la substance étendue et la substance pensante. Au *dualisme* ancien s'oppose le *monisme* ou unitarisme moderne, qui ne reconnaît qu'une seule substance, principe universel des phénomènes matériels, vitaux ou spirituels, fonds permanent d'où émane l'infinie variété des choses.

Le monisme se partage en deux systèmes :

1° Le *matérialisme* considère la force comme une simple propriété de la matière, propriété subordonnée à son support. La matière serait douée de force; quelques matérialistes admettent que la matière pourrait se concevoir comme inerte, sans énergie, purement passive.

2° Le *dynamisme*, à la suite de Leibnitz, considère la force en elle-même comme la substance générique dont la matière n'est qu'une espèce, une forme dégradée, une propriété accidentelle, un état éventuel. Il pourrait n'exister dans l'univers que des âmes, des *monades*, point de corps

L'étude de la substance, en Ontologie, conduit au dynamisme. La question qui se pose est celle-ci : la matière n'est-elle que l'un des facteurs de toute phénoménalité, l'autre facteur étant l'énergie? ou bien le premier facteur doit-il se confondre avec le second et les deux n'en forment-ils qu'un seul? En d'autres termes : faut-il distinguer dans la matière des particules et des forces, ou seulement des forces? La notion de substance, jointe à l'analyse de la matière, répond à cette question.

La matière et la force sont inséparables et identiques; elles sont les deux aspects sous lesquels nous concevons la substance. La distinction entre matière et force est une distinction purement logique, non réelle. Il est acquis à la science que le repos absolu n'est nulle part, que le mouvement, ou plus exactement l'activité, est partout, que le repos apparent n'est qu'un équilibre, c'est-à-dire une balance exacte entre plusieurs activités. L'énergie essentielle aux corps ne peut différer de leur propre substance, qui est elle-même une force, c'est-à-dire une énergie.

La matière n'est pas divisible à l'infini. — Tout composé suppose des parties composantes, séparables les unes des autres, distinctes entre elles. Opérons par la pensée cette séparation des parties distinctes; pour que la division pût se faire à l'infini, il faudrait qu'il y eût un nombre infini de parties; or, le nombre infini n'existe pas; il serait contradictoire. Qu'on ne dise point que les corps sont divisibles indéfiniment, ce qui reviendrait à la division infinie. Tout corps contient un nombre déterminé de parties, sans quoi il serait lui-même indéterminé; or, un tout indéterminé n'a pas d'existence propre, c'est une pure abstraction. Les quantités mathématiques sont idéalement divisibles à l'infini, en unités de plus en plus petites, parce que l'unité mathématique est arbitraire et qu'on peut en prendre une qui soit toujours plus petite que toute quantité donnée; mais il n'en est pas de même de l'unité physique, qui n'est pas arbitrairement choisie, car elle est une réalité concrète ; l'unité physique est métaphysiquement indivisible aussi bien que mécaniquement : il y aurait contradiction à pouvoir diviser une unité réelle.

Si la matière était divisible à l'infini, on ne pourrait jamais atteindre ses éléments constituants, car il n'y aurait pas d'éléments, ce qui revient à dire que l'existence de ces corps serait chimérique, sans réalité ; une réalité qu'on ne peut atteindre n'existe pas. Un corps est un groupe d'existences ; il n'a d'existence que celle de ces unités groupées ; c'est par elles seules qu'il existe. Si ces unités pouvaient elles-mêmes se subdiviser à l'infini en groupes nouveaux, le corps en question n'aurait rien de réel que sa divisibilité ; il serait une simple puissance sans actualité.

« La divisibilité des corps, dit Euler, s'arrête au point où la partie, n'ayant aucune grandeur, ne saurait être divisée. » Ce point, c'est l'*atome*.

Atomes. — L'atome, littéralement l'insécable, est la partie ultime des corps, l'élément premier de la matière, l'unité substantielle, absolument indivisible. C'est un centre de forces, sans étendue, comme le point mathématique, et sans forme, puisque la forme n'est qu'une délimitation de l'étendue. L'atome est engendré par un croisement de forces, comme le point géométrique par l'intersection de deux ou plusieurs directions. Il n'est point impénétrable, comme on le dit de la matière, car il est immatériel. Tous les atomes, c'est-à-dire toutes les forces de l'univers, pourraient s'accumuler en un seul point. Les différentes densités des corps proviennent du degré d'accumulation de forces dans une même étendue géométrique.

Par ses relations de coexistence avec d'autres atomes, l'atome forme la *molécule* étendue, qui est la plus petite partie d'un corps pouvant entrer dans une combinaison. Cette définition, que les chimistes modernes donnent de l'atome, ne convient qu'à la molécule. S'il y a un degré de division au delà duquel disparaissent les caractères spécifiques des corps, c'est que les corps se composent d'un même élément générique commun à tous. Il n'y a point d'atomes d'oxygène ni d'hydrogène ; il n'y a que des molécules de ces corps. L'atome, étant essentiellement simple, est semblable à un autre atome quelconque. En effet, deux corps ne sauraient différer l'un de l'autre que par leur constitution intime ; or, étant simples, les atomes n'ont pas de constitution ; dans l'ordre réel le simple ne saurait différer du simple. Il faut donc admettre que les différences spécifiques n'existent qu'entre les molécules ou groupes d'atomes. Les variétés des corps proviennent des variétés de molécules ; les corps sont constitués par une substance unique.

Les plus grands savants reconnaissent l'unité de la matière, c'est-à-dire l'identité des atomes entre eux. Sainte-Claire Deville recommande de ne pas se baser sur l'unité de matière comme sur un principe pour résoudre une question ; « mais, ajoute-t-il, si quelque conclusion se trouve en contradiction avec ce principe, soyez sûr qu'elle est fausse. » Berthelot professe la même opinion. Pour lui, les corps simples se réduisent aux formes multiples et prévues d'une matière unique en principe, mais différenciée par le mode de groupement de ses parties et par la nature des mouvements dont elles sont animées. Cette conception de l'unité substantielle domine les sciences physico-chimiques. On considère aujourd'hui les molécules des divers corps simples comme des agrégats divers d'atomes identiques entre eux, mais groupés de différentes sortes. On a proposé de donner à la substance commune à tous les atomes le nom de *protyle* ou de *protogène*. D'après les naturalistes les plus autorisés, les dernières particules des corps seraient constituées en systèmes de forces électriques gravitant les unes autour des autres, sortes de constellations dont les éléments primordiaux seraient des *ions* positifs ou négatifs. La tota-

lité de l'univers matériel serait ainsi formée d'électricité.
La substance ne serait autre que la force électrique.

C'est donc la molécule, et non l'atome, qu'il faut définir :
la plus petite partie d'un corps qui puisse entrer dans une
combinaison. On la définit aussi : la plus petite partie
d'un corps qui soit semblable au tout et n'en diffère que
par les dimensions; ou encore : celle qu'on ne peut
diviser sans changer la nature du corps. Les molécules
sont indivisibles mécaniquement, c'est-à-dire physiquement; les atomes le sont métaphysiquement.

La définition erronée de l'atome a conduit à attribuer
faussement la force chimique à l'atome et la force physique à la molécule. Tout au contraire, l'atome est l'é-
lément physique des corps simples, la molécule leur
élément chimique. Seule, à l'exclusion de l'atome, la molécule a des propriétés relatives. L'atome, si on lui restitue
sa vraie définition, est le siège des forces purement mécaniques, il n'a que des propriétés générales, indépendantes, absolues; il est apte à tout devenir. Les forces ou
énergies dites physiques (pesanteur, attraction, répul-
sion) s'exercent soit entre atomes, soit entre groupes d'a-
tomes; les forces ou énergies chimiques, c'est-à-dire les
affinités, s'exercent entre molécules seulement. L'atome,
indéterminé par essence, sans constitution propre, est
apte à s'agréger en molécules quelconques; la molécule,
déterminée par le nombre et l'agencement de ses atomes
ou par la qualité de leurs mouvements, se spécifie et ne
s'adapte qu'à telle ou telle combinaison définie. L'atome
n'a que des propriétés physiques, la molécule des propriétés physiques et chimiques. D'ailleurs la distinction
entre ces deux ordres de phénomènes est plus apparente
que réelle; dans les premiers, la nature du corps ne
change pas; dans les seconds, sa constitution intime est
ou semble modifiée. Mais n'est-il pas évident que cette
modification porte exclusivement sur les molécules, qui
seules sont composées, et non sur les atomes, qui, étant
simples, sont immuables? Au fond, les sciences naturel-

les ne connaissent que des molécules plus ou moins ré-
duites; l'atome leur échappe, car on ne peut l'atteindre
que par le raisonnement; il n'est connu qu'*à priori*. C'est
ce qui explique la notation erronée de la chimie moderne.
« Poids atomique » est un non-sens : tous les atomes ont
le même poids, qui est l'unité de poids, c'est-à-dire l'u-
nité de force.

Ainsi les variétés des corps proviennent des variétés
dans les molécules, c'est-à-dire des groupements divers
d'atomes identiques. Les molécules se composent par
l'action des forces atomiques; les divers groupements
des forces atomiques engendrent les forces moléculaires;
les mêmes atomes diversement agglomérés produisent
des molécules d'espèces diverses; les mêmes molécules
diversement combinées, ou bien des molécules d'espèces
différentes produisent des corps différents. Les *corps
simples* de la chimie sont ceux qui ne possèdent que des
molécules d'un même type : ils ne sont pas simples,
mais homogènes. Les composés binaires, ternaires, sont
faits de deux ou trois espèces de molécules. Les molécules s'agrègent en corps soit organiques soit inorganiques. Les forces organiques se nomment *forces vitales;*
les forces inorganiques sont les forces mécaniques, physiques ou chimiques.

La matière proprement dite, ce n'est donc pas l'atome,
c'est la molécule étendue, accessible aux sens, douée de
propriétés diverses, tandis que l'atome est un pur dynamisme, une vraie *monade*, insaisissable, inaccessible aux
sens, sans forme, sans étendue, réalisant l'idée d'un
esprit, d'une âme immatérielle.

Origine de la matière. — Le problème de l'origine de
la matière n'est autre que celui de l'éternité ou de la contingence de la substance. Spinoza a tranché la question
en définissant la substance : ce qui existe *en soi* et *par soi.*
Ce qui existe par soi est nécessaire, éternel, infini, et par
conséquent unique. La déduction est rigoureuse, mais

elle repose sur une définition arbitraire dont le second terme dépasse la notion même de substance ; elle a donc besoin d'être justifiée.

Deux hypothèses sont en présence : ou bien la substance universelle n'existe pas par elle-même, c'est-à-dire n'a pas dans sa propre essence la raison suffisante de son existence, et dans ce cas il faut chercher cette raison d'être dans une cause distincte d'elle ; ou bien son existence est absolue. La première des hypothèses est celle de la *création*, la seconde celle de la *Nature*.

La création. — Par création, il faut entendre une *opération ayant pour terme une substance nouvelle*. Les opérations ou actes ordinaires d'une substance ont pour terme de simples modes ou phénomènes ; la création serait une opération spéciale, extraordinaire, ayant pour terme, pour effet, une substance passant de la simple possibilité à l'existence réelle, au lieu de la simple modification d'une substance déjà existante. La création suppose donc une autre substance ou force créatrice préexistante, nécessaire, éternelle, infinie, ayant en elle-même la raison de son existence et cause universelle de toutes les autres. Quelque inconcevable qu'elle soit, la création paraît métaphysiquement possible ; elle n'a rien de contradictoire. Créer, ce n'est pas tirer du néant, ce qui serait absurde ; c'est actuer une essence, réaliser une existence, ce qui ne répugne pas *à priori*. Cependant l'hypothèse d'une substance passant de la non-existence à l'existence est contraire à une certaine induction. On admet généralement que rien ne se détruit, que les substances qui semblent s'anéantir ne font que se transformer, d'où l'on induit par analogie que rien ne se crée. Mais ce qui rend surtout l'hypothèse difficile à admettre, c'est qu'elle nécessite un agent de nature et de puissance exorbitantes. C'est par là d'abord que le problème se complique démesurément.

En outre, l'hypothèse de la création, admise provisoi-

rement, entraîne comme conséquence force la *conserva-*
tion de la créature par le créateur. La conservation est le
corollaire obligé de la création : on ne peut admettre la
seconde sans la première. La substance créée ne saurait
persévérer dans l'existence qu'en vertu d'une opération
permanente et continue du créateur ; celui-ci doit la créer
à chaque moment de sa durée, comme au moment initial.
Sans une conservation effective, répétée, renouvelée à
chacune de ses déterminations, à chacun de ses actes, la
substance créée retomberait dans le néant, cesserait
d'exister. En effet, si la créature, une fois douée d'existence, pouvait durer par elle-même sans le concours du
créateur, il faudrait admettre que son existence soit elle-
même la cause de sa durée. Or, les divers moments d'une
existence sont indépendants l'un de l'autre ; ils sont séparables et sans aucun lien qui entraîne le second à la suite
du premier ; le précédent n'appelle point nécessairement
le suivant ; un moment d'existence pourrait n'être suivi
d'aucun autre, si la cause du premier cessait d'agir ; ce
sont deux effets distincts. De plus, si une substance
trouvait sa raison d'exister dans le seul fait qu'elle a déjà
existé, il faudrait un acte positif du créateur pour l'anéantir ; or un tel acte ne saurait se concevoir, car il aurait
pour terme le néant. Donc il faut reconnaître que la
substance, dans l'hypothèse de la création, ne persévère
pas d'elle-même dans l'existence, mais qu'elle est créée
continuellement, à chaque instant, avec ses modalités
successives. Ce principe, indiscutable pour les partisans
de la création, a des conséquences importantes en théodicée.

La Nature. — Si l'on rejette l'hypothèse de la création, il faut admettre la substance nécessaire, unique, de
Spinoza. Les atomes ne sont plus une collection d'êtres
éternels, comme dans le système d'Épicure ; toute collection est en nombre limité, et par conséquent elle ne peut
être infinie, nécessaire ; les atomes sont les produits

d'une force simple et indivisible, éternelle source de toute
activité et contenant en puissance l'infinité des existences possibles.

La *Nature* est cette virtualité sans bornes, ce *devenir*
indéfini qui est le principe de toutes choses et n'a sa raison d'être que dans lui-même. Ce n'est point un second
absolu, car il ne saurait y avoir deux absolus : c'est l'essence absolue se réalisant par l'existence. L'être *est,* la
nature *existe* absolument ; dans l'être est toute vérité,
dans la Nature toute activité. La Nature agit, selon les
lois ontologiques, mécaniques et physiques qui constituent l'essence des choses. Elle comprend dans son infinité toute créature, c'est-à-dire toute existence produite
par son évolution, qui est la seule véritable création.

Cependant cette force unique, infinie, incréée, n'a pas
opéré de toute éternité, quoique éternelle elle-même. Il
y a eu un acte initial, un mouvement originaire, puisque
le mouvement n'est pas éternel. L'activité inhérente à la
substance universelle a dû se déterminer spontanément,
aucune cause ne lui ayant préexisté. La substance infinie
contient évidemment la vie, en puissance, puisque la vie
se trouve dans la nature. Or la puissance vitale est une
force autonome, capable d'agir d'elle-même suivant ses
lois essentielles, dont la première est la finalité substantielle, démontrée en Ontologie.

La finalité immanente à la substance permet d'induire
l'immanence de la finalité organique, et l'expérience vérifie cette induction. La science contemporaine résume
l'idée de la Nature dans cette définition : *progrès continu,*
c'est-à-dire marche en avant, tendance incessante au
mieux, effort ascendant du moins-être au plus-être, s'éle-
vant du simple au composé, de l'inorganique à l'organique, de l'imparfait au plus parfait, du simple mouvement
à la sensibilité, de la sensibilité à la pensée de plus en
plus complète. Il est généralement admis que toutes les
espèces végétales et animales sont issues les unes des
autres et ne sont que des transformations variées d'un petit

nombre de types primitifs et d'un seul originairement, d'une cellule unique, protoplasme ancêtre de tous les vivants. Que sur un point de l'univers un cataclysme ramène les choses à leur point de départ, c'est-à-dire au chaos, cet accident se répare de lui-même avec le temps et n'arrête point le cours de la vie : la Nature reprend patiemment son œuvre interrompue ; son essence, sa loi, est d'agir et de progresser. C'est la *loi d'évolution* ou de développement, d'organisation. Ainsi se trouverait résolu d'emblée le triple problème de l'existence des mondes, de l'ordre qui y règne et du mouvement dont ils sont animés.

La substance universelle a produit les mondes limités en nombre, en durée et en étendue. C'est d'elle que sont nés et naissent encore peut-être les atomes, éléments des corps. Cette substance, à l'état primitif et libre, n'est autre, selon toute vraisemblance, que l'agent mystérieux, immatériel, impondérable, qui pénètre tous les corps et auquel on attribue la lumière et l'électricité. On le nomme *éther*. L'éther serait donc la substance en soi, l'élément cosmique capable de revêtir toutes les formes. C'est une force indéterminée, qu'on a qualifiée de fluide, ne sachant quel autre terme employer, dans l'ignorance de sa nature ; ce n'est pas un corps, même gazeux, puisqu'il n'a pas de poids ; c'est de la matière en puissance, une force libre qui n'est engagée dans aucune forme, dans aucune combinaison. Dire qu'il est impondérable, c'est dire qu'il n'a pas de centre de gravité, que son centre est partout, sa circonférence nulle part, qu'il est infini.

Le vide proprement dit n'existe pas, car il est le néant. S'il pouvait exister entre deux corps, entre deux atomes, ceux-ci cesseraient de coexister et ne pourraient exercer aucune action l'un sur l'autre. En fait, il est prouvé qu'entre les corps qu'on croyait autrefois séparés par le vide, existe un fluide par lequel se transmet de proche en proche l'action mutuelle des corps. Si le vide pouvait séparer deux corps, deux atomes, il n'y aurait aucune action possible entre eux. L'univers doit donc se concevoir comme un enchaînement continu de forces. La matière est discontinue, mais la substance est continue.

Le prétendu vide interplanétaire ou intersidéral n'est plus le vide immatériel, d'après la science. Tous nos phy-siciens contemporains admettent que cet espace est sil-lonné, rempli par les corpuscules cathodiques, par les *ions* émanés du soleil et autres foyers. Ces atomes se-raient lancés dans toutes les directions avec une vitesse vertigineuse. L'hypothèse est peu satisfaisante. On ne peut concevoir une projection assez puissante pour que ces corpuscules échappent à l'attraction de l'astre d'où ils émanent et se répandent dans l'espace, loin de leur centre d'origine. Une hypothèse plus vraisemblable est celle d'une formation continue d'atomes nouveaux dans l'espace par le croisement perpétuel des forces électri-ques. Ce que la substance infinie a fait à l'origine de la matière, elle peut le faire encore, car son action créatrice n'a pas cessé. Ainsi la matière cosmique irait toujours en augmentant, et de nouvelles transformations se pré-pareraient pour l'avenir, dans une genèse indéfinie. Ré-ciproquement, ce qui se fait peut se défaire ; les atomes qui ont formé les molécules venant à se dissocier, les molécules se dissoudraient ; les atomes eux-mêmes s'é-vanouiraient par la cessation du mouvement dont ils sont nés. Le vieil aphorisme : *Rien ne se crée, rien ne se détruit,* ne serait donc plus une vérité.

La force infinie s'exerce par elle-même ; elle est le pro-pre et unique principe de toutes ses déterminations. In-consciente au début de son évolution, elle prend progres-sivement conscience d'elle-même dans les organismes ; elle devient de plus en plus intelligente par le progrès de la raison humaine qui fait partie de son évolution. L'intelligence est la plénitude de la conscience. On voit chez tous les êtres intelligents la conscience se développer progressivement après une période d'inconscience plus

ou moins longue. L'intelligence couronne l'évolution;
elle en est l'épanouissement. L'hypothèse de la création
méconnaît cette loi d'évolution universelle en plaçant
l'intelligence au début, au point de départ, au lieu d'en
faire le terme et le point d'arrivée; ce qui est un anachronisme.

D'ailleurs, l'hypothèse naturaliste se calque presque
exactement sur l'hypothèse de la création. La Nature
remplace Dieu, avec les mêmes attributs d'infinité et d'é-
ternité, moins celui d'intelligence et de liberté : la Nature est un Dieu impersonnel. Cette hypothèse est plus
simple que celle de la création par un Dieu personnel,
intelligent et libre. Une substance incréée se conçoit
mieux qu'une substance créatrice d'autres substances, le
créateur ayant besoin lui-même d'être expliqué et démontré. En vertu du principe de moindre action, l'hypothèse
naturaliste doit sembler préférable, au premier abord.
Sans doute on a peine à concevoir l'immobilité, l'inactivité
de la Nature, avant son mouvement initial. Comment, après
une éternité de repos, est-elle entrée en action? Cette
difficulté provient d'un concept erroné de l'éternité. L'é-
ternité n'est qu'un moment, un instant de raison, qui ne
dure pas; elle est l'absence de temps, l'absence de durée.
Il n'y a donc rien d'anormal à ce que l'évolution d'une
force éternelle ait eu un commencement; c'est avec cette
évolution que le temps a commencé; aucun temps ne l'a
précédée. S'il est difficile de comprendre l'évolution
spontanée de la Nature, il ne l'est pas moins de s'expliquer comment un Dieu aurait pu créer les mondes hors
de lui par un simple acte de volonté, et comment il se
serait décidé tout à coup dans son éternité à créer des
substances nouvelles.

Au contraire, la finalité transcendante est plus facile à
concevoir que la finalité immanente. Le type de la finalité
étant l'homme, dont la volonté est cause efficiente et l'intelligence cause finale, nous sommes portés par induction à considérer toute finalité comme transcendante,

c'est-à-dire intelligente et consciente. Le fonctionnement
automatique d'une loi, en dehors de l'action libre d'un
individu, est invraisemblable pour certains esprits peu
habitués à l'abstraction et qui ne comprennent pas un
monde sans un Dieu personnel, ni une société sans un
roi ou un dictateur. Le système naturaliste fait violence
à cette habitude d'esprit.

À l'ancien adage philosophique : *L'être crée les existen-*
ces, se substitue celui-ci : *Les existences réalisent l'être.*
Au lieu d'être à l'origine des choses, Dieu serait au terme ;
il couronnerait l'édifice de la création, au lieu d'en être
la base et le fondement. Dieu ne créerait pas, il se ferait
progressivement, il deviendrait. La vieille formule se
trouve renversée, retournée. Le naturalisme prétend
asseoir sur sa base la pyramide que le théisme s'efforce
de maintenir en équilibre sur sa pointe.

Hypothèse contre hypothèse. Le choix à faire entre
l'une et l'autre résultera des études qui suivent.

LA VIE ET L'AME

L'énergie universelle comprend trois modes : 1° les
forces purement mécaniques, physiques et chimiques
qui s'exercent dans les corps inorganiques ; 2° la vie, qui
a son siège dans les corps organiques ; 3° la pensée, qui
ne se manifeste que dans certains organismes.

La vie. — La vie est une activité spéciale. En quoi
l'activité vitale diffère-t-elle des forces atomiques et moléculaires ? Quelques savants estiment que toutes ces
forces diverses ne sont que des spécifications d'une force
unique qui est l'essence même de la matière. Ce qui est
certain, c'est que la vie n'a jamais été observée que dans
la matière organisée et ne se conçoit pas en dehors d'un
organisme. Elle apparaît comme la résultante de plusieurs
forces mécaniques, comme un phénomène complexe qui

ne saurait résider dans le simple, comme une activité
organisatrice qui ne peut se concentrer dans une molécule, encore moins dans un atome, incapables eux-
mêmes de toute organisation. Enfin, l'intensité et la perfection de la vie étant toujours en raison directe de la
complexité de l'organisme, il est permis d'induire qu'au
point où l'organisation manque, la vie manque aussi.

La vie est une force *sui generis*, distincte de la force
mécanique; elle naît d'un certain rapport entre plusieurs
forces concourantes. On peut la définir : *l'activité immanente qui se modifie et se reproduit spontanément*. Le
double caractère des phénomènes vitaux est d'une part
leur *immanence* ou spontanéité, d'autre part leur *finalité*,
c'est-à-dire la direction de leur activité vers un but. Au
fond, les phénomènes vitaux ne sont que des phénomènes
physiques et chimiques communs à la matière inorganique; mais, à la différence de ceux-ci, les premiers se
renouvellent d'eux-mêmes, en vertu d'une force intime,
sans le concours d'aucun agent extérieur.

Ce qui, en apparence, caractérise les phénomènes inorganiques, c'est de recevoir le mouvement de l'extérieur et
de le subir dans la mesure où celui-ci leur est imprimé.
On a donc appelé *passifs* les phénomènes purement mécaniques. Au contraire, l'activité se manifeste avec évidence dans les phénomènes vitaux et psychiques; c'est
de la vie que partent les initiatives et les impulsions; on
a donc appelé *actifs* les phénomènes vitaux. Au fond, ces
distinctions sont impropres; l'énergie est universelle;
elle embrasse tous les êtres, puisque tous les êtres sont
ses modes. La substance est la source productrice des
individus et des phénomènes.

La finalité vitale est une *intention* qui semble intelligente, une sorte de pensée, analogue à l'instinct. On a
vu en Ontologie que toute activité tend à un but qui est
le bien. Ainsi s'explique la finalité vitale, la vie étant une
activité. Vie et pensée sont une double tendance à l'être.
La pensée est une tendance consciente et libre, la vie est

une tendance inconsciente et fatale; là est toute la différence entre ces deux tendances.

Origine de la vie. — Une question générale plane ici
sur toutes les autres : faut-il regarder les fonctions vitales comme le résultat et l'effet de l'organisation, ou bien
l'organisation est-elle l'effet des forces vitales? La science
tourne fatalement dans ce cercle. Il est également difficile de concevoir que l'organisation précède la vie, ou
que la vie précède l'organisation. Si la vie est antérieure
à l'organisation, quel est alors le substratum des forces
vitales et plastiques? Dans les transformations que su-
bissent les corps, il y a des destructions de force vive,
et jamais de masse ni de poids; d'où il faut conclure que
la force vive n'a rien de substantiel et qu'elle est un pur
phénomène organique. D'autre part, il est contraire à
l'expérience et à toutes les observations d'admettre que
l'organisation produise la vie. Ce qui est certain, c'est
que dans l'être organisé et vivant l'organisation et la vie
jouent simultanément et réciproquement le rôle de cause
et d'effet.

Génération spontanée et hétérogénie. — Deux hypothèses peuvent expliquer l'origine de la vie : la *génération spontanée* et l'*hétérogénie*.

L'hypothèse de la génération spontanée résoudrait le
problème de la vie, si elle était démontrée. Les faits sur
lesquels on a prétendu la fonder ont été reconnus faux,
à la suite des magnifiques découvertes de Pasteur; mais
il n'est nullement démontré que l'hypothèse elle-même
soit fausse. Pour qu'un corps vive, il faut et il suffit qu'il
soit organisé de manière à former un tout dont chaque
partie s'ordonne dans un plan commun, en vue d'une fin
commune. La vie n'est que l'unité de l'organisme; elle
naît chaque fois que la matière s'organise; elle dure
aussi longtemps que l'organisme, et disparaît quand l'organisation cesse. Elle est la résultante des fonctions

dont chaque organe est le principe. On pourrait donc la produire artificiellement, en construisant une cellule végétale ou animale, ce qui est tout un. La cellule est, en effet, l'organisme élémentaire, l'unité organique dont se composent tous les organes et par conséquent tous les êtres vivants. Rien ne répugne à ce que les phénomènes physico-chimiques aient pu, en se combinant, se transformer en phénomènes vitaux et que la vie soit apparue dans l'univers à la suite d'un concours de circonstances, d'un groupement mécanique de molécules en une cellule vivante, principe de toutes les générations.

Au système de la génération spontanée s'oppose celui de l'hétérogénie. La science moderne a adopté le principe formulé par Harvey : *omne vivum ex vivo*, qui est celui de l'hétérogénie. La vie ne se crée pas, elle continue, elle se propage, se communique de vivant à vivant ; elle n'est pas un principe, mais un résultat. Rien ne naît sans un germe préexistant. Lorsque les appareils vitaux cessent de fonctionner, leurs éléments retournent à la matière brute ; pour qu'ils redeviennent matière vivante, il faut qu'ils passent de nouveau par le creuset d'un organisme vivant. Sans doute la chimie est parvenue à opérer la synthèse de quelques catégories de la matière animée ; Berthelot a composé quelques corps gras ; on arrivera probablement à constituer certains albuminoïdes ; mais ce n'est point là créer un individu vivant. Un abîme sépare le muscle vivant du muscle artificiel incapable de croître, de se réparer et surtout de se reproduire.

Le fluide vital. — Dans l'hypothèse de l'hétérogénie, comme dans celle de la génération spontanée, on peut assimiler la vie à une force diffuse répandue dans la Nature et dont les vies individuelles ne sont que des manifestations particulières. Une vie est une partie du concert universel, un cas spécial de l'harmonie naturelle des choses, un fragment de la vie totale de l'univers. Cette conception trouve un appui dans la saisissante analogie qui existe entre les phénomènes magnétiques et les phénomènes vitaux. Le magnétisme, qui n'est lui-même qu'un mode particulier de l'électricité, est, comme la vie, une force invisible, impondérable, spirituelle en quelque sorte. Il se subdivise en deux fluides, positif et négatif, analogues aux deux sexes. On sait qu'un courant électrique ranime un organisme mort, mais non encore décomposé. Claude Bernard a constaté qu'il faut une quantité d'électricité plus considérable pour faire contracter directement un muscle, que pour l'exciter par l'intermédiaire d'un nerf; pour exciter un nerf sensitif, que pour exciter un nerf moteur; pour exciter un nerf moteur de la vie animale, que pour exciter un nerf moteur de la vie végétative. On a reconnu que le magnétisme n'est pas répandu dans toute la masse de l'aimant, qu'il a un habitat fixe, à savoir, la surface de l'aimant; de même, la force motrice de la vie, ou fluide nerveux, réside dans la substance grise, c'est-à-dire dans la couche superficielle du cerveau. On a comparé avec raison les innombrables cellules du cerveau et de la moelle aux éléments divers d'une pile voltaïque. Pour fonctionner, la pile exige un acide qui attaque le métal de ses éléments; il n'y a point de fonction nerveuse ou cérébrale sans afflux de sang oxygéné qui brûle une partie de la matière cérébrale. La base de l'activité du cerveau est un phénomène analogue aux phénomènes électro-chimiques, s'il ne leur est pas identique. L'électro-dynamisme rend presque compte de la vie élémentaire, c'est-à-dire de la vie de l'être simple, de la cellule.

Les phénomènes de magnétisme animal, faits mystérieux dont on a douté longtemps, mais qui sont acquis à la science, corroborent l'hypothèse de l'identité du magnétisme de la vie. Ils conduisent à considérer l'être vivant comme une sorte de pile dont la tension électrique peut produire des effets externes (en dehors des courants qui traversent le réseau conducteur), c'est-à-dire des ondulations comme celles de la télégraphie sans fil. Les

choses se passent, dans certains phénomènes dits psychiques, comme si l'influx nerveux des assistants créait
une sorte de champ de force autour des expérimenta-
teurs, et plus spécialement du médium. Chacun d'eux se
comporterait comme un élément dynamogénique et con-
tribuerait dans la production de l'*énergie libérée*, c'est-à-
dire *extériorisée*, qui cause l'action à distance, la communication de pensée, la télépathie. Cette énergie opère
au delà des limites du corps, tout en demeurant dans une
certaine mesure en connexion avec les centres, conscients
ou non. On s'explique à la fois comment l'énergie développée dépend de la volonté des assistants et du médium,
et comment aussi elle en est indépendante et s'y oppose
parfois. Les assistants éprouvent l'impression très nette
de courants qui les traversent, et ressentent toujours une
certaine fatigue, en proportion de l'énergie dépensée.
Les phénomènes se produisent d'autant mieux que les
conditions de l'atmosphère sont plus favorables au déga-
gement de l'électricité. Ils s'accompagnent de phospho-
rescences analogues aux étincelles électriques ; enfin, ils
dégagent une odeur ozonée caractéristique, telle qu'on
la respire auprès des machines d'électricité statique en
activité. L'analogie entre les « phénomènes psychiques »
et l'électricité ne saurait être plus frappante.

L'électricité serait donc l'agent vital universel. Rap-
prochons cette conclusion des hypothèses scientifiques
relatives à la constitution de la matière : tous les corps
deviennent des modalités d'une substance unique ; tous
les phénomènes, vitaux ou autres, des modalités d'une
force unique. L'unité de la nature apparaît clairement, et
l'hypothèse de l'éther, substance unique, prend une sin-
gulière consistance.

Principe de vie. — La vie n'est pas uniforme dans
tous les organismes vivants ; elle est graduée de la plante
inférieure à l'animal supérieur, en passant par une multitude de degrés. La ligne de démarcation est faiblement

tracée entre le règne végétal et le règne animal, comme
entre le minéral et le végétal. On distingue cependant :
1° la *vie végétative,* activité qui semble purement mécanique et interne, ne se manifestant que dans les limites de
l'individu et consistant principalemen en fonctions de
nutrition, en déterminations fatales, suivant les lois de
l'espèce ; 2° la *vie animale,* activité consciente, sensible,
volontaire, se manifestant par des mouvements internes
et externes. La vie animale comporte des fonctions multiples où apparaît la libre détermination de l'individu. Si
la sensibilité est surtout visible chez les animaux, il est
très probable qu'elle existe aussi chez les végétaux, car
tous les réactifs de la sensibilité animale, les anesthési-
ques, produisent dans la plante la même suspension des
fonctions vitales que chez l'animal.

Quoi qu'il en soit, on reconnaît que le végétal vit ; que
l'animal vit, se meut, perçoit et juge ; que l'homme vit,
se meut, perçoit, juge et raisonne. Quelle est la cause de
ces différences ? C'est là un des problèmes les plus graves et les plus ardus que la philosophie ait à résoudre.

Le problème de la vie, associé à celui de la pensée, a
donné lieu à trois systèmes : le *spiritualisme,* l'*organicisme*
et le *vitalisme.*

Spiritualisme. — Le spiritualisme attribue les phénomènes physiques de la vie et les phénomènes moraux de
la pensée à la présence dans l'organisme d'une substance
distincte de lui, immatérielle, impondérable, qu'il appelle
âme.

Les spiritualistes distinguent trois sortes d'âmes :
l'*âme spirituelle* ou pensante, immortelle et libre, qui est
l'âme humaine ; l'*âme sensitive,* qui est celle des animaux;
l'*âme végétative,* qui est celle des végétaux. Ces trois âmes
seraient spécifiquement distinctes l'une de l'autre. Au
sens des spiritualistes, l'âme humaine, hôte divin logé
dans le corps, est seule spirituelle, c'est-à-dire non seulement immatérielle comme les autres âmes, mais seule

morale et responsable, seule capable de connaître le vrai
et d'aimer le bien. Immatérialité est, dans ce système,
synonyme de simplicité. L'âme des animaux et celle des
végétaux sont simples, mais non spirituelles, c'est-à-dire
dénuées de raison et de liberté, quoiqu'on ne puisse leur
refuser certaines facultés intellectuelles. N'ayant pour
fonction que d'animer le corps, elles ne survivent pas à
l'organisme.

Les spiritualistes invoquent à l'appui de leur système
deux arguments tirés de l'*unité* et de l'*identité* du sujet
pensant. 1° Le sujet pensant qui a conscience de son *moi*
est simple; car, s'il était composé de parties, il y aurait
autant de consciences partielles que de parties du moi,
et la conscience totale serait impossible. Les opérations du
jugement, du raisonnement, ne se conçoivent que dans un
sujet simple, capable de réunir dans son unité substantielle les deux idées qu'il compare pour juger, ou les deux
jugements qu'il compare pour raisonner; donc la substance pensante doit être simple; l'organisme étant composé, l'existence de l'âme s'impose. 2° Le sujet pensant
reste identique à lui-même à travers les vicissitudes de
la vie animale; celle-ci est un perpétuel changement, une
série d'assimilations et d'éliminations qui détruiraient
l'identité du sujet pensant, si l'âme n'était substantielle-
ment distincte de l'organisme.

L'âme est-elle distincte du principe vital? Sur ce point,
le spiritualisme se divise en deux écoles.

L'ancien spiritualisme, *monodynamique,* attribuait à
l'âme humaine (la seule qu'il admit) la double fonction de
penser et d'animer l'organisme. Dans ce système, l'âme
serait à la fois substance pensante et principe vital. Substance supérieure, dit saint Thomas, elle possède éminemment toutes les vertus des substances inférieures, et
peut par conséquent cumuler les deux rôles de penser et
de faire vivre. Cette théorie, qui est la plus simple, soulève de graves objections de la part des spiritualistes eux-
mêmes. Si l'âme était le principe de la vie, elle aurait

conscience de son activité organique ou plastique, comme elle a conscience de son activité intellectuelle, de ses sentiments, de ses volitions. Or, l'âme ignore absolument les mouvements organiques dont on veut qu'elle soit cause ; ces mouvements se produisent sans son concours; elle est impuissante à les modifier ou à les arrêter. La circulation du sang, la digestion, échappent à notre volonté.

Le système animiste, en attribuant à une même cause : l'âme, les phénomènes vitaux et les phénomènes intellectuels, méconnaît leur différence essentielle, différence marquée par la conscience ; les premiers, extérieurs, étrangers à la pensée, sont fatalement inconscients; les seconds, nécessairement conscients. La distinction des phénomènes psychologiques et physiologiques repose précisément sur l'inconscience de ceux-ci.

De plus, les physiologistes spiritualistes admettent que l'âme exerce son action sur le corps et reçoit de lui des impressions par le moyen du système nerveux. Or il y a deux systèmes nerveux. L'un, le cérébro-spinal, qui est mis en branle par les impressions des nerfs sensitifs, est l'instrument de la pensée; l'autre, le grand sympathique, est l'organe de la vie végétative. A la double fonction de la vie : activité libre et activité inconsciente, correspond un double organe : le système cérébro-spinal et le système ganglionnaire. Ces deux systèmes sont indépendants l'un de l'autre ; on peut, en supprimant les lobes cérébraux d'un animal, abolir chez lui toute perception et le réduire à la vie végétative. Le système ganglionnaire est soustrait à la volonté. Donc l'âme ne saurait jouer le rôle de principe vital.

C'est pour répondre à ces deux objections que les spiritualistes de l'école de Montpellier ont inventé un système qui attribue à l'homme une double âme, l'une principe de la pensée, l'autre principe de la vie. Cette hypothèse, très commode pour résoudre le problème actuel, ne supporte pas l'examen. Sa complication seule prouve contre elle. Avec deux âmes qui existent chez le même individu et s'ignorent entre elles, comment expliquer l'unité de la personne humaine? Cependant le spiritualisme moderne s'est rallié au *duo-dynanisme*. Ainsi l'individu humain comprendrait trois substances différentes : l'âme spirituelle, l'âme végétative et la substance organique. Ces trois substances, disent les spiritualistes, sont unies *hypostatiquement* et n'en font qu'une en apparence. Ce point est essentiel; c'est pour l'avoir négligé que les plus éminents critiques du spiritualisme sont demeurés à côté et en dehors de la question.

Par *union hypostatique* il faut entendre, au sens des spiritualistes, la subordination de plusieurs substances à une seule qui constitue l'*hypostase,* c'est-à-dire le centre commun d'imputabilité. Dans cette union, chaque substance perd la propriété de ses modes; ceux-ci cessent de lui appartenir et deviennent des attributs de la substance maîtresse qui absorbe les autres. C'est ainsi, disent-ils, que le corps devient la chose de l'âme et que celle-ci joint à ses attributs spirituels les attributs physiques et vitaux de son organisme. En vertu de cette solidarité, l'âme et le corps se trouvent liés ensemble dans une dépendance mutuelle d'activité et de passivité; les phénomènes psychiques et physiologiques s'enchaînent de telle sorte qu'ils ont un sujet commun. Ainsi dans l'homme la même personne qui dit : *je* pense, *je* veux, dit aussi : *je* marche, *je* suis bien portant ou malade. L'âme dépend du corps, qui est pour elle l'instrument indispensable de la pensée; elle reçoit de lui des sensations internes ou externes; son évolution est liée à celle du corps; il y a un parallélisme rigoureux, une harmonie constante entre les phases de l'une et de l'autre; c'est ce qui porte à confondre les deux ordres et à leur attribuer la même cause connue, l'organisme.

Critique du spiritualisme. — 1° L'existence d'une substance immatérielle, spirituelle, est une pure hypothèse, imaginée pour le besoin de la cause; car il n'y a aucun indice direct d'une substance de cette nature, soustraite aux lois physiques. Les spiritualistes devraient d'abord démontrer la réalité de cette substance; ils ne le tentent même pas et reconnaissent que l'âme est une hypothèse indispensable, mais indémontrable. A peine mérite-t-elle le nom d'hypothèse, car elle ne réunit aucune des conditions requises par la *Méthode* pour être une hypothèse scientifique. Logiquement le spiritualisme reste une.hypothèse gratuite; sa prétendue nécessité ne prouve pas sa vérité, car il peut se présenter d'autres solutions du problème. On verra d'ailleurs que la solution spiritualiste n'en est pas une.

2° L'hypothèse spiritualiste méconnaît l'essence des corps; elle considère la matière comme inerte, tandis que les corps sont reconnus être des systèmes de forces. L'existence des atomes, qui est démontrée mathématiquement, devrait chasser et reléguer l'antique dualisme de la matière et de l'esprit. A côté de l'atome, véritable monade, véritable âme, il semble qu'il n'y a pas place pour une autre âme. En quoi l'âme, substance simple, pourrait-elle différer de l'atome, autre substance simple? La science se fonde précisément sur l'identité des éléments simples pour admettre l'unité de substance.

3° L'hypothèse spiritualiste est contradictoire avec la notion de substance. Si l'âme est une substance pensante, son essence est de penser; la pensée lui est essentielle; elle ne peut exister sans penser; elle cesserait d'exister si elle cessait de penser, l'existence n'étant que l'actuation de l'essence. Telle est bien la thèse admise et soutenue par les plus autorisés des spiritualistes. Or l'expérience atteste que la pensée est intermittente. A son origine, l'individu humain n'a que l'ombre d'une pensée, l'instinct de la nutrition; sa vie est purement végétative. Dans la vie intra-utérine, la pensée est totalement absente. Donc il n'y a pas dans l'homme de substance pensante, puisque la pensée est postérieure à l'animation de son organisme.

4° L'hypothèse spiritualiste repose sur un concept erroné de la pensée. La pensée est un phénomène moral qui ne peut résider que dans une entité morale, non dans une entité physique. Une entité physique est incapable d'entrer en relation avec l'idéal, car il n'y a de rapport qu'entre termes de même nature. Si la matière est incapable de penser, la substance, quelle qu'elle soit, en est aussi incapable. Même au sens des spiritualistes, l'âme, substance spirituelle, serait une entité physique; or une entité physique ne saurait penser. On ne conçoit pas une substance, c'est-à-dire une force, en relation directe avec l'idéal, avec l'intelligible pur; le particulier, le concret, en rapport avec l'universel, avec l'abstrait; une entité physique en rapport avec l'être métaphysique. Il n'y a qu'un être de raison qui puisse raisonner. La pensée est un rapport idéal qui ne peut impliquer une substance.

5° L'hypothèse spiritualiste est inconcevable. Comment concevoir une substance immatérielle capable d'agir sur un organisme matériel et d'en recevoir des impressions à son tour? Comment admettre cette union hypostatique, cette fusion intime entre substances si différentes dont les attributs sont l'opposé l'un de l'autre? Le pur esprit est une chimère, tant qu'il n'est pas prouvé; mais, s'il existe, il ne peut dépendre de la matière, ni la matière dépendre de lui; l'association de ces deux notions est un concept absurde. *A fortiori*, l'effacement de la substance organique et la perte de son individualité sont des hypothèses inconcevables.

6° L'hypothèse spiritualiste est en contradiction avec les faits les plus avérés. Pour le besoin de la cause, on invente trois sortes d'âmes également simples et immatérielles, mais dont une seule, l'âme humaine, est spirituelle. Qui ne voit combien cette classification est arbitraire et défectueuse? Ne pouvant refuser une âme aux animaux et aux végétaux, on forge pour eux une âme au rabais, purement sensible, c'est-à-dire sans raison et sans liberté. Où l'observation n'établit qu'une différence de degré, on introduit une différence de nature. Entre les facultés de l'animal et celles de l'homme il n'y a qu'un plus ou un moins de perfection; l'animal pense et se détermine vraiment; il est intelligent à un moindre degré, et sa volonté plus soumise à l'instinct; donc il faut lui reconnaître au moins une âme inférieure, mais analogue à celle de l'homme; et pourquoi cette infériorité ne tiendrait-elle pas à l'infériorité de l'organisme, toutes les âmes devant être égales? Etant donnée l'unité simple de l'âme, il est impossible d'établir une distinction entre l'âme des bêtes et celle de l'homme. Chez l'homme, on admet que les différences d'intelligence, d'aptitudes diverses, proviennent des différences physiques entre les organismes; pour être conséquent, il faudrait appliquer la même règle à l'âme humaine et à celle des bêtes. Cette grave difficulté n'a pas échappé à Descartes, qui, ne pouvant s'en tirer autrement, a supprimé l'âme des animaux et a fait d'eux des automates.

7° Le spiritualisme confond la simplicité et l'immatérialité, qui sont deux qualités bien distinctes. La simplicité exclut la composition, mais non la matérialité : l'atome est simple et matériel. L'immatérialité exclut la sujétion aux lois physiques, le poids, les affinités chimiques. Les défauts du système proviennent du vice de sa tendance. Il fallait établir des catégories d'âmes à destination des différents organismes vivants. C'est de cette préoccupation dominante qu'est né le galimatias informe et inintelligible d'âmes matérielles ou immatérielles, sensitives ou végétatives, spirituelles ou plastiques, libres ou non libres, mortelles ou immortelles. Exposer un pareil système, c'est le réfuter sans discussion.

8° L'animisme conduit à des conséquences absurdes. Chaque animal ayant une âme, il faut admettre autant d'âmes différentes que d'espèces animales, sans en excepter les microbes, les infusoires; autant d'âmes que de cellules animales ou végétales, autant d'âmes créées à

mesure que ces organismes se multiplient, âmes éphé-
mères, destinées à disparaître aussitôt. En sectionnant
un ver capable de se dédoubler, on crée une âme? Quand
on détache une bouture d'une plante, on crée une âme
nouvelle? Ou bien faut-il dire que dans un même organisme vivant les âmes sont aussi nombreuses que les cellules qui le composent, puisque chaque cellule a une vie
propre et est apte à former un individu vivant? On voit à
quelles absurdités mène cette théorie.

9° L'animisme, ne reposant sur aucune donnée scientifique, soulève en outre le problème insoluble de la
création. S'il y a en nous une substance pensante, cette
substance, n'ayant pas toujours existé, a dû être créée. L'a-
nimisme a pour conséquence forcée le théisme; les deux
systèmes sont solidaires, et c'est à bon droit qu'on les
confond communément : âme et Dieu sont inséparables.
C'est une nouvelle complication, qui, en bonne logique,
n'est pas en faveur de l'hypothèse spiritualiste.

10° Le spiritualisme invoque à son appui la dignité de
l'homme, sa prééminence sur les animaux, dont il ne diffé-
rerait pas s'il n'avait une âme; enfin nos aspirations constantes et universelles à l'immortalité. Ces considérations
morales ne sont d'aucun poids pour le philosophe, aux
yeux de qui la plus désespérante des vérités vaut mieux
que le plus consolant des mensonges.

Organicisme. — A l'opposé du spiritualisme, l'organicisme, appelé aussi *matérialisme,* considère la pensée
comme une fonction du cerveau. De même que chacun de
nos organes accomplit une fonction spéciale et sécrète
un produit particulier, le cerveau pense; il sent, il perçoit, il agit; son rôle est de produire la pensée comme le
foie produit la bile. L'âme n'est pas une substance, elle
est un simple phénomène, une fonction cérébrale.

Les matérialistes ou physiologistes invoquent à l'appui
de leur système les principes du déterminisme scientifique. Si l'on considère, disent-ils, la série des phéno-

mènes dits psychologiques et celle des phénomènes organiques correspondants, il est impossible de ne pas
reconnaître leur parfaite concordance, et par conséquent
de ne pas conclure qu'ils sont identiques et procèdent du
même principe.

L'unité de la personne n'est pas une unité simple, mais
une résultante. Les évolutions du *moi* durant le cycle de
la vie humaine sont inexplicables, incompréhensibles,
dans l'hypothèse d'un moi dont l'unité serait simple. Si
le moi n'a pas de parties composantes, comment concevoir qu'il puisse changer, s'accroître de parties nouvelles, puis les perdre l'une après l'autre? Ce serait contradictoire. Les faits, au contraire, se comprennent et
s'expliquent avec un moi dont l'unité est une résultante.
Nous n'avons conscience que d'une résultante; notre
illusion est de prendre cette résultante pour une unité
simple.

Des deux faits constatés et acquis à la science : 1º l'existence de centres nerveux perspectifs et moteurs; 2º la
subdivision des centres généraux en centres partiels, il
résulte que l'unité de la fonction générale du cerveau provient de l'association, du conflit et de la combinaison d'un
certain nombre de fonctions particulières qui sont les
unités composantes de la fonction générale; par conséquent cette unité est une résultante.

L'identité absolue de la personne, du moi, est une
autre illusion. L'homme n'est jamais, à aucun moment
de sa durée, identique à lui-même, ni physiquement ni
psychiquement. Le corps entier est dans un état continuel de rénovation. Pas une molécule ne sert deux fois
à la vie; celle qui est usée disparaît et se remplace par
une molécule nouvelle. Mais ce travail échappe aux regards par sa lenteur; il faut un long intervalle pour que
les modifications deviennent apparentes. Entre deux da-
tes voisines, on ne peut discerner les changements. On
croit être resté le même en totalité; de là naît la conscience de l'identité personnelle. L'unité résultante, phy-

sique et morale, se défait et se refait des milliers de fois dans la vie. La pénétration réciproque et la combinaison mutuelle des sensations, des sentiments, des connaissances, des jugements et des volitions, font de l'unité du moi non une unité collective, mais une unité de résultat; la résultante psychique correspond exactement à la résultante corporelle.

L'examen des phénomènes normaux et anormaux de la pensée conduit à l'hypothèse physiologique. La mémoire est une fonction du système nerveux. Toute impression sur un centre nerveux y laisse une trace qui se conserve passivement et se reproduit activement. La conservation mnémonique dépend de la nutrition, ce qui explique que la mémoire est puissante chez l'enfant, faible chez le vieillard. Ce qui est trop vite appris ne dure pas; il y faut le temps, parce que la nutrition n'est pas instantanée. Les maladies de la mémoire ne sont explicables que par la théorie physiologique : amnésie passagère, amnésie d'une certaine période de temps, perte totale de la mémoire; amnésie des signes; hypermnésie produite par la fièvre; excitation de la mémoire par les stimulants, dépression par les sédatifs.

Le progrès du cerveau dans la série animale est suivi du progrès de l'âme. La vie réside essentiellement dans l'irritabilité et la motilité. Les protozoaires ont ces facultés communes avec certains végétaux, tels que la sensitive. Dès que le système nerveux apparaît, la sensibilité, le mouvement, l'instinct, l'intelligence, apparaissent. Avec le ganglion cérébral naît l'instinct. A mesure que l'organisme s'élève, le ganglion devient double, les facultés se développent. Le système nerveux est un appareil de perfectionnement.

La théorie physiologique est en concordance avec le système organique du monde en plaçant dans le cerveau la cause, le principe des différenciations, et non dans une substance chimérique qui, réputée simple, ne saurait comporter aucuns degrés. Par son origine cellulaire, par

son développement intra-utérin, l'homme est un simple an-
neau de la chaîne des êtres vivants; il n'est pas une excep-
tion dans la nature; c'est un animal parmi les animaux.

L'hypothèse spiritualiste ne saurait expliquer l'accrois-
sement des âmes par l'éducation, si les âmes sont simples
et immatérielles. Elle n'explique non plus d'une manière
satisfaisante aucuns des faits psychiques, soit à l'état
sain, soit à l'état morbide. Elle est en contradiction
notamment avec le grand fait de l'hérédité de la race au
point de vue des aptitudes et des propensions morales :
l'âme des ancêtres n'est pas l'âme de leurs descendants.
Au contraire, le physiologisme explique tous les faits
normaux ou pathologiques, les faits embryogéniques,
ceux de l'évolution vitale. Il n'est solidaire d'aucune métaphysique spéciale et ne soulève aucun problème nouveau.
C'est à tort qu'on lui reproche de ne pouvoir fournir une
solution au problème des origines. L'origine en toutes
choses est inexplicable; on la constate, voilà tout. Considérées en elles-mêmes, toutes les propriétés, toutes les
fonctions sont inexplicables, mystérieuses. Le principe
de l'évolution vitale est inconnu, comme celui de la cris-
tallisation, de la germination; il en est de même de la
fonction psychique.

Critique de l'organicisme. — L'hypothèse physiologique est certes bien supérieure à l'hypothèse spiritualiste, qui ne repose que sur un postulat sans aucune
valeur scientifique. Cependant elle soulève, comme la
précédente, d'insurmontables difficultés.

1º La pensée est incompatible avec une substance quelconque, *à fortiori* avec une force physique. Une force
physique est une source de phénomènes extérieurs, sensibles, mesurables dans l'espace; or, la pensée est d'essence toute différente : elle n'est pas sensible extérieure-
ment au sujet pensant et échappe à toute mesure. Si une
substance prise isolément ne peut penser, un groupe de
substances, un organe, ne le peut pas davantage. La fonc-

tion d'un organe est de former un produit physique; or, la pensée n'est pas un phénomène physique, extérieur, mesurable, pouvant se localiser dans l'espace; elle est un phénomène moral, interne; elle n'est perceptible que du dedans et par le seul sujet pensant; nul autre ne peut voir ma pensée que moi-même qui seul en ai conscience.

Le physiologiste prétendra-t-il que ce qui est impossible à une substance est possible à un groupe de substances? Un composé jouit parfois de propriétés refusées à ses composants. Mais ce qu'un groupe de substances peut produire, c'est toujours un produit physique; or, la pensée n'a rien de physique en elle-même, quoique toujours accompagnée d'un phénomène physique avec lequel on ne saurait la confondre.

Herbert Spencer prétend ramener la vie et la pensée au mouvement. « Toutes les forces, dit-il, sont reconnues n'être que les modes d'une force unique, c'est-à-dire de la force mécanique qui produit le mouvement. C'est le mouvement qui devient tour à tour lumière, chaleur, électricité, affinité chimique, etc. Si le mouvement se transforme en vie, en force nerveuse chez l'animal, pourquoi la force nerveuse ne pourrait-elle pas se convertir en sensation, en idée, en volonté? La dualité du mouvement et de la pensée est seulement apparente; la pensée, comme la vie, n'est qu'un mouvement transformé. » — La théorie scientifique de l'équivalence des forces, en les ramenant toutes au mouvement, n'a point effacé leurs différences; si le mouvement se manifeste à nous tantôt en lumière, tantôt en électricité, ce n'est nullement à dire que l'un de ces phénomènes se transforme en un autre phénomène, car chacun d'eux demeure distinct et nous donne des sensations différentes. Un mouvement se transforme en un autre mouvement, mais rien n'autorise à conclure que le mouvement puisse se transformer en sensation, c'est-à-dire un phénomène physique en phénomène moral, un phénomène inconscient en phénomène conscient. Le mouvement est quelque chose d'objectif, d'extérieur; c'est la modification d'un objet étendu, figuré, situé dans l'espace; au contraire, la pensée n'est ni étendue, ni figurée, ni située là ou là. Un mouvement peut être rectiligne, circulaire, en spirale; qu'est-ce qu'une pensée rectiligne, circulaire, en spirale? Une pensée peut être claire, obscure, élevée; qu'est-ce qu'un mouvement clair, obscur, élevé? Il y a un abîme entre un phénomène physique et un phénomène moral; aucune comparaison ne peut s'établir entre eux; on ne peut passer de l'un à l'autre au moyen d'aucune transformation ni transition. Le mouvement n'est que le mouvement, la pensée est la pensée. La pensée n'a point d'analogue et ne peut dériver d'aucun fait physique.

2° L'hypothèse matérialiste est inconciliable avec l'unité de conscience du sujet pensant. Lorsque je pense, j'ai conscience de l'unité simple et indivisible de mon *moi;* si ce *moi* était composé de plusieurs parties distinctes, j'aurais conscience de cette multiplicité comme j'ai conscience de la variété des objets de ma pensée; or, c'est précisément dans la simplicité du moi que cette multiplicité d'idées trouve son unité. S'il faut en croire les savants, le nombre des cellules qui composent le cerveau serait de 1 200 millions environ, et celui des fibres de plusieurs milliards. Supposons que le sujet du *moi* soit le cerveau lui-même, c'est-à-dire un organe composé de parties. Ou bien chaque partie prononce un moi distinct et complet, ou bien chaque partie ne prononce qu'un moi partiel, le moi total résultant des moi partiels; ou bien chacune prononce un moi complet, et tous ces *moi* se fondent dans un seul, qui est la conscience totale et définitive du sujet pensant. Si chaque partie a une conscience distincte et complète, il y a plusieurs pensées, plusieurs sujets pensants; la difficulté est précisément de former une conscience unique. Une conscience partielle est un non-sens; mais, si on l'admet, comment de plusieurs consciences partielles former une conscience totale? Chaque composant n'ayant conscience que d'une partie

de la pensée, la conscience totale générale est impossible.
Enfin, s'il y a plusieurs *moi* distincts et complets, ce sont
autant de consciences impénétrables, incommunicables,
ne connaissant qu'elles-mêmes, ignorant leurs voisines
et ne pouvant se fondre ensemble.

3° Le déterminisme scientifique, invoqué par le système matérialiste, n'autorise nullement à conclure que la
matière engendre les phénomènes que ses propriétés
manifestent. Claude Bernard observe avec raison que si,
dans une horloge électrique, on enlevait l'acide de la pile,
le mécanisme cesserait de fonctionner; cependant la cause
de ce fonctionnement ne réside ni dans l'acide ni dans le
métal des rouages. On aurait donc tort d'attribuer la
pensée, la volonté, la conscience, à la matière cérébrale,
quoique le fonctionnement de l'esprit soit étroitement lié
aux propriétés spéciales du cerveau.

Vitalisme. — Le *vitalisme* considère la pensée comme
une *fonction de la vie;* celle-ci étant elle-même une fonction de l'organisme, la pensée devient *une fonction de
fonction.* L'organicisme voit dans le cerveau la source, la
cause de la pensée; le vitalisme n'y voit que la *condition*
de la pensée; sa cause est la vie. La formule des physiologistes : la pensée est *une* fonction du cerveau, est ainsi
corrigée : la pensée est *en* fonction du cerveau, c'est-à-
dire du système cérébro-spinal.

Tous les philosophes ont considéré la vie comme un
intermédiaire entre les phénomènes physiques et les
phénomènes moraux, entre l'ordre des choses sensibles
et celui des choses inaccessibles aux sens. La vie est une
activité spéciale qui ne se manifeste que dans un organisme; or tout organisme vivant paraît sensible, c'est-à-
dire capable d'être impressionné intimement et d'avoir
conscience de cette impression. Mais la sensibilité consciente est une pensée, le premier degré de la pensée. D'autre part, les degrés de perfection de la pensée concordent
manifestement avec les degrés de perfection organique

et vitale. Plus l'organisme se perfectionne, plus la vie est complète, plus la pensée est intense, depuis l'échelon infime du règne animal jusqu'à l'homme. Au-dessous du règne animal, la sensibilité peut s'induire de certains phénomènes. En se bornant à la sensibilité et à l'activité qui caractérisent la vie animale, on peut définir celle-ci : le premier degré de la pensée, l'élément ou principe de la pensée. Tout ce qui vit pense dans une certaine mesure. L'âme pensante c'est la vie : *la vie substantifiée*.

L'âme n'est pas une substance, mais une simple relativité, un rapport entre substances; ce rapport est la vie. L'âme est le produit simple et immatériel de facteurs composés et matériels. Elle est une résultante, une abstraction, une pure entité morale jouant le rôle d'entité physique, c'est-à-dire d'une sorte de substance qui serait le sujet actif et passif des phénomènes vitaux et intellectuels. C'est elle qui fait l'unité, l'individualité de chaque organisme vivant. De même que dans une société civile, qui est une sorte d'organisme, les membres individuels se fondent, s'absorbent dans une individualité purement idéale, dans un être de raison qu'on nomme *raison sociale,* l'âme n'a qu'une existence relative, une réalité factice. C'est ainsi qu'en physique on voit une masse pesante se concentrer, se résumer dans un *centre de gravité,* point d'application de toutes les forces exercées par elle ou sur elle, mais qui n'a lui-même rien de substantiel. Le centre de gravité d'une sphère creuse se trouve dans le vide; il est donc immatériel, non substantiel, purement idéal, et cependant il agit et il est le sujet de toutes les passivités qui s'exercent en elle; il résume activement et passivement la masse entière. En astronomie on connaît des astres conjugués qui gravitent autour d'un centre commun, simple point mathématique qui lui-même n'est pas pesant, être de raison né du rapport entre les parties du système dont il est le lien, l'âme véritable.

L'organisme vivant, dit Claude Bernard, est constitué par des millions de milliards de petits êtres ou individus vivants qui se réunissent pour constituer nos tissus et concourent avec harmonie à un même but physiologique. Ces éléments microscopiques sont doués d'une vitalité autonome; mais leur autonomie est inconsciente et enchaînée par un déterminisme rigoureux. L'individu zoologique est un agrégat d'organismes, une sorte de polypier, une fédération de vies élémentaires et partielles dont le fonctionnement est distinct, mais qui sont solidaires avec l'ensemble et subordonnées à la vie totale. La mort est la dissociation de ces vies particulières. La vie est donc une association; un être vivant est une société. La cause de la vie réside dans la puissance d'organisation qui crée la machine vivante et répare ses pertes incessantes. « L'âme est la formule architectonique qui fait l'unité de l'édifice vivant. Il n'y a pas de société sans unité collective. Mais cette unité sociale est purement idéale, harmonique; elle tient au système des réalités, et non à une réalité même; elle résulte du concours simultané des choses, sans appartenir à une chose particulière. De même le principe animique ou vital n'est point un atome spirituel, une monade simple, résidant au centre d'un organe particulier; il ne consiste que dans une harmonie des éléments organiques. L'âme n'est que la corrélation finale des parties du corps. » (Coste.) Ainsi l'hypothèse vitaliste satisfait pleinement aux exigences du sujet pensant : le sujet vivant est un et simple; il est toujours moralement identique à lui-même. Le corps vivant est, comme le corps social, un collectivisme, c'est-à-dire un concours des parties en vue d'une fin et une réciprocité du tout sur les parties. La pensée est la fonction générale qui résulte du fonctionnement vital et qui préside à ce fonctionnement, à l'ensemble des vies dont elle forme l'unité, dont elle maintient l'identité morale.

La vie est une tendance, un effort vers l'être. Par sa double activité, le sujet vivant et pensant est en relation d'une part avec le monde matériel des existences, d'autre part avec le monde idéal des essences. L'être métaphy-

sique ou la vérité absolue et l'existence physique ou la
vérité relative sont ainsi les deux pôles de la vie. Entre
eux la vie évolue, mais dans deux directions diamétralement opposées et qui ne peuvent se rencontrer ni se confondre. Le mouvement et la pensée sont deux relations
essentiellement différentes et irréductibles l'une à l'autre.
La vie est le trait d'union qui relie ensemble les deux
ordres physiques et métaphysiques, le sensible et l'intelligible, l'aimable, le concret et l'abstrait, la matière et
l'idéal, la force et la pensée, les réalités contingentes et
la vérité éternelle.

DIEU

Le concept de Dieu est le terme commun d'aboutisse-
ment de trois ordres d'idées, comme l'âme est celui de la
pensée et de la vie. Métaphysiquement, Dieu est conçu
comme l'être en soi; moralement, comme le principe de
tout devoir; physiquement, comme la cause première de
toute existence. Il est la personnification de la vérité, du
bien et de la Nature. Ses attributs se déduisent *à priori*
de ce concept. Dieu est infini, nécessaire, éternel, parfait
et tout-puissant, infiniment sage et bon; il est doué de
volonté, de liberté, et cependant immuable, exempt de
passivité et de succession; il est en dehors de l'espace
et du temps; il voit ensemble le passé et l'avenir comme
présents; il a créé toutes les substances par un simple
acte de volonté, et il les conserve; sa providence s'étend
à toutes choses; l'homme, dont il est la fin dernière, lui
doit l'adoration, l'obéissance et l'amour.

Quelle est la valeur et la solidité de cette construction?
C'est le plus grave des problèmes que la philosophie ait
à examiner. Si l'idée de Dieu est vraiment la plus universelle, elle est aussi la plus controversée, celle qui a
donné lieu au plus grand nombre de systèmes opposés.
Ces systèmes peuvent se ramener à trois principaux : le

théisme, qui vient d'être exposé, et qui considère Dieu comme une entité physique; le *panthéisme,* qui fait de Dieu une entité morale; l'*onthéisme,* qui le regarde comme une entité métaphysique. Au fond, tous les systèmes se réduisent à deux : le débat est entre la théorie du Dieu personnel et celle du Dieu impersonnel. C'est sur ce point unique que porte la controverse. Le théisme admet la personnalité de Dieu, les autres doctrines en bloc la rejettent.

Antinomies du théisme. — Avant d'entrer dans l'examen des preuves alléguées par le théisme à l'appui de la personnalité divine, il importe de critiquer le concept théiste en lui-même et de rechercher si ses éléments sont compatibles entre eux. Leibnitz exigeait avec raison qu'avant de prouver l'existence de Dieu on établît d'abord qu'il est possible, c'est-à-dire que son idée n'implique aucune contradiction. « Il est sûr, dit E. Rabier, que l'idée de Dieu, telle que nous pouvons nous la faire, est difficilement exempte de ce défaut radical. Car Dieu, c'est le parfait, l'absolu; or, nous ne pouvons assigner une nature déterminée et concrète à cet absolu qu'au moyen des attributs de notre nature. Mais peut-être n'est-il aucun attribut de notre nature qui se prête à recevoir pleinement la forme de l'absolu... Qu'on réussisse seulement à purifier une fois l'idée de Dieu de toute contradiction, la métaphysique aura fait la plus grande partie de sa tâche. Que, selon le vœu de Leibnitz, elle nous présente un Dieu possible, nous serons déjà plus qu'à moitié convaincus qu'il est réel. Les plus hauts problèmes métaphysiques sont liés aux problèmes logiques; toute la métaphysique du possible est impliquée dans la question de la validité logique des concepts. » Pour qu'un problème soit résoluble, il faut que ses données ne soient pas contradictoires. Or les antinomies abondent dans le système théiste.

1° L'idée d'absolu est incompatible avec celle d'individu, de personne distincte, libre et intelligente. Dans l'absolu tout doit être absolu. L'absolu est essentiellement universel, abstrait, indéterminé, caractères diamétralement opposés à ceux de l'individu, qui est essentiellement particulier, concret. L'absolu intelligent se connaissant lui-même, ce sont deux absolus, puisque la pensée est un rapport entre deux termes distincts, un connaissant et un connu, un moi et un non-moi. Or, il ne saurait y avoir deux absolus.

2º Un Dieu personnel ne peut être infini, car une substance constituée en individualité distincte cesse d'être infinie. Tout individu, toute personne est déterminée, ce qui est synonyme de limité et de fini. La 'personnalité sépare un être de ce qui n'est pas lui, elle lui trace un contour, lui assigne des frontières, l'enveloppe de négations; la compréhension d'un individu n'est pas celle d'un autre individu; toute détermination est négative. Une personne déterminée est ce qui dit *moi;* or le moi exclut le non-moi; l'individu existant est distinct de tout autre individu; pour qu'il soit infini, il faut qu'il soit unique, qu'il n'y ait pas d'autre individualité que la sienne, sinon il ne serait pas tout. Une personne infinie serait contradictoire comme un nombre infini, à la fois limité et illimité.

3º La volonté en Dieu est incompatible avec son immuabilité. Si Dieu se détermine dans des actes différents et successifs, il n'est pas immuable. Aussi les théistes ont-ils attribué à Dieu un acte unique. Cet acte unique, qui embrasse toutes les existences, est éternel; donc la création serait éternelle, puisqu'elle a été voulue de toute éternité et qu'il n'y a pas de succession en Dieu? La prière est vaine, puisque la volonté divine est immuable. On s'explique que les successifs ne soient pas voulus successivement par Dieu; mais ce qui est inintelligible, c'est que Dieu puisse vouloir des choses déterminées, sans se déterminer lui-même. Une volonté absolue ne peut vouloir que l'absolu; donc l'objet d'une volition divine

ne peut être contingent; si Dieu pouvait vouloir l'objet
contingent, quelque chose de relatif entrerait dans sa
volonté, c'est-à-dire dans l'absolu. La création serait donc
nécessaire, fatale, et la création librement voulue, contradictoire.

4° La liberté de Dieu est incompatible avec l'absolu, le
nécessaire. L'ancienne philosophie, principalement l'é-
cole stoïque, soumettait la divinité à une sorte de puissance supérieure : le destin, la fatalité (*fatum*). Ce qui
devait arriver arrivait nécessairement. Les théistes, en
apparence plus conséquents, affranchissent Dieu de toute
contrainte. Il est absolument libre, cependant il ne peut
faire le mal. Il n'y a d'autre destin que les décrets éternels émanant de sa volonté. Leibnitz soumet la liberté
divine à un optimisme nécessaire. « La liberté, dit-il,
suppose que l'agent ne se détermine qu'après délibération
et par sa propre élection. Or il est impossible que Dieu,
doué d'une intelligence et d'une sagesse infinies, ne se
détermine pas selon le motif prépondérant, c'est-à-dire
le meilleur. C'est d'après ce principe que Dieu s'est déterminé à créer. Quoiqu'il ait été libre de créer ou de ne
pas créer, il n'eût pas créé s'il n'avait jugé la création
meilleure que le néant. Par le fait même qu'il a créé,
Dieu n'a pu créer que le meilleur monde possible. »
Cette conclusion viendra en discussion au chapitre de
la création. Son absurdité démontre l'antinomie de la
liberté en Dieu. Si Dieu est nécessaire, tout est nécessaire en lui; il ne peut y avoir rien de contingent; or, ce
qui est libre est contingent, puisqu'il ne pourrait ne pas
être, ou être autrement. En Dieu tout doit dériver de son
essence, puisqu'il est immuable. Sa volonté, arrêtée de
toute éternité, est inflexible, inexorable. Logiquement,
le Dieu des théistes doit être sourd à tou... les supplica-
tions des hommes. Les théistes objecter.. que les des-
seins de Dieu ne sont arrêtés de toute ..ternité qu'en
tenant compte d'avance des mérites de chacun et en pré-
vision des prières qui s'élèveront vers lui. Cette expli-

cation est sans valeur, car la cause doit précéder l'effet;
des prières qui n'existent pas encore ne peuvent influen-
cer Dieu ; d'ailleurs rien en lui ne saurait être causé ; il
n'y a point d'effet produit en Dieu.

5° La prescience de Dieu est la négation de la liberté
humaine. Dieu connaît les actes futurs des agents libres;
cependant ces actes n'existent pas encore, puisqu'ils dé-
pendent d'une volition ultérieure, c'est-à-dire de la détermination d'une volonté qui n'existe pas encore; Dieu ne
peut donc les connaître présentement. Pour échapper à
cette conséquence, les théistes prétendent que Dieu connaît les futurs contingents, non en eux-mêmes, ce qui serait contradictoire, mais dans sa propre volonté, c'est-à-
dire dans le décret éternel en vertu duquel ils s'accom-
plissent. Saint Thomas et son école n'admettent pas que
Dieu connaisse directement un objet distinct de lui-
même, car dans ce cas la connaissance divine dépendrait
d'un terme extérieur qui en serait la condition, hypothèse
contraire à l'indépendance de Dieu. Prétendre que Dieu
ne connaît la volonté humaine que dans sa propre volonté,
c'est nier la liberté.

6° La création est incompatible avec la liberté humaine. Par la création et la conservation, qui n'est qu'une
création continuée, la substance créée reçoit tous ses
modes, toutes ses déterminations du créateur; celui-ci est
la cause efficiente à la fois de l'existence et des actes de
la créature; autrement, il faudrait admettre comme terme
de la création une substance indéterminée, dépouillée de
tout mode, ce qui est une abstraction. La substance est
inséparable de ses modes; elle ne peut recevoir l'existence sans recevoir en même temps sa manière d'exister.
Il s'ensuit que le créateur est en même temps l'auteur de
la volonté et l'auteur des déterminations de cette volonté;
Dieu crée l'homme agissant, et agissant de telle manière.
Vainement les théistes prétendent que Dieu crée l'homme
libre et le *fait agir* librement. La contradiction est manifeste. La liberté est le pouvoir d'agir indépendamment

de toute cause efficiente; si l'âme est créée à chaque moment de son existence, elle est créée avec ses actes; elle
n'est pas plus maîtresse de chacun de ses actes que de
chacun des moments de sa durée; elle reçoit les uns et
les autres indissolublement unis; donc elle n'est pas
libre. Bossuet a reconnu cette difficulté, qui fait le fond
du problème insoluble de la grâce. Il renonce à l'expliquer et se contente de dire que, « tenant les deux bouts
de la chaîne (Dieu et la liberté de l'âme), il n'importe de
savoir comment se relient les anneaux intermédiaires ».
Nous tenons bien le bout qui est la liberté; mais l'autre,
nous le cherchons.

7° La toute-puissance divine est incompatible avec
l'hypothèse d'une cause libre autre que Dieu. Le créateur est lui-même, par hypothèse, la cause efficiente universelle; tous les phénomènes relèvent de lui et de lui
seul. Si dans l'enchaînement des causes on introduit une
cause libre, le créateur cesse d'être la cause universelle.
En vain dira-t-on qu'il est la cause de la cause libre elle-
même, et par conséquent cause première universelle :
causa causantis est causa causati. Cette cause libre est
indépendante de lui. La volonté humaine a le pouvoir de
se déterminer contrairement à la volonté divine. Dieu
n'est donc plus le souverain maître des choses; il y a un
pouvoir rival du sien qui peut faire échec à sa toute-puissance. Donc il est contradictoire que Dieu crée une cause
libre, c'est-à-dire indépendante de lui. Il faut choisir entre la création et la liberté de la créature; on ne peut les
admettre ensemble, sans nier la création elle-même dans
son essence et la toute-puissance du créateur.

8° La bonté de Dieu est incompatible avec son immuabilité. Dieu ne peut se concevoir comme sensible, car la
sensibilité est une passivité, et rien n'est passif dans l'ê-
tre infini et parfait. Les théistes le définissent avec raison : *acte pur,* activité sans limite, exempte de passivité.
Mais comment concilier cette idée avec celle de bonté,
de miséricorde, de providence, d'amour pour la créature?

Si Dieu est insensible, quel amour peut-il nous inspirer?
S'il n'aime pas ses créatures, comment est-il infiniment
bon, et comment peut-il nous commander de l'aimer?

9° La bonté et la justice infinie de Dieu sont incon-
ciliables. La bonté implique l'arbitraire, ce qui est exclu-
sif de la justice, égale pour tous, inflexible et inexorable.
Si l'homme qui a fait mauvais usage de sa liberté mérite
d'être puni éternellement, au dire des théologiens, Dieu,
en le créant, connaissait sa destinée; il l'a donc créé pour
son malheur. Où est la bonté divine?

Les contradictions qui viennent d'être relevées *à priori*
dans le concept du théisme ne sont pas les seules qu'on
puisse objecter à ce système. Il en est plusieurs autres
que mettra en relief l'examen des faits dans la discussion
des preuves physiques de l'existence de Dieu.

A toutes les objections qui se dressent contre leur
système, les théistes ont une réponse péremptoire : la
nature de Dieu est mystérieuse, insondable au regard
humain; ces antinomies ne sont qu'apparentes et proviennent de la faiblesse et de l'imperfection de notre esprit.
Certes, nous ne saurions prétendre à une connaissance
complète et claire de l'infini, s'il existe; mais sommes-
nous incapables de discerner le possible de l'impossible,
le logique de l'illogique, le vrai du faux, dans l'essence
des choses? Le prétendre, comme le veulent les positivistes, c'est nier la valeur absolue de nos idées, infirmer
nos jugements analytiques, douter de l'évidence et rui-
ner tout raisonnement par la base; c'est nous interdire
la recherche de tout problème métaphysique, et de celui
de l'existence de Dieu par conséquent. Que pèsent alors
tous les arguments invoqués par les théistes? Si les contradictions apparentes ne sont pas un motif suffisant de
rejeter leur système, il faut avouer que nos concepts sont
illusoires et sans valeur objective; dans ce cas, l'existence
de Dieu demeure une hypothèse invérifiable.

Les théistes cependant font quelque crédit à la raison
humaine pour l'examen des preuves qu'ils allèguent à

l'appui de leur thèse. Ces preuves se partagent en trois ordres : 1° les preuves *physiques*, fondées sur l'existence, le mouvement et l'ordre de l'univers ; 2° les preuves *morales*, tirées de la loi morale, de la nécessité d'une sanction et du consentement universel des hommes ; 3° les preuves *métaphysiques*, déduites de l'idée d'infini, des vérités nécessaires et de l'idée de perfection.

Preuve tirée de la contingence du monde. — Cette preuve se formule ainsi : « Le monde existant n'a pas en lui-même la raison d'être de son existence ; or, ce qui n'a pas en soi-même sa raison d'être, ne peut exister que par l'opération d'une cause créatrice préexistante ; donc l'existence du monde implique l'existence d'un créateur. » Cette preuve se subdivise en trois parties : création de la matière, création de l'âme, création de la vie.

Création de la matière. — Cet argument repose sur un postulat gratuit, celui de la contingence du monde matériel. Cette contingence n'est pas une vérité certaine, encore moins une vérité évidente ; c'est une simple hypothèse. Sans doute la matière n'est pas éternelle, puisqu'elle n'est pas infinie. Ce qui est nécessaire, ce qui est par soi-même, est illimité, car ce qui a en soi sa propre raison d'être, ce qui n'a aucune cause, ne saurait être limité par une cause quelconque : nécessaire et infini sont deux idées corrélatives, dont l'une entraîne l'autre. Mais autre chose est la matière, telle que nous la connaissons, autre chose est la substance, dont la matière n'est qu'une forme accidentelle. Or, la substance peut se concevoir comme infinie, éternelle, nécessaire ; si nous connaissions son essence, l'essence de la force en soi, nous verrions peut-être qu'elle existe nécessairement et ne peut pas ne pas exister. C'est une hypothèse opposée à une autre hypothèse. Entre les deux raisons d'être possibles de l'existence du monde matériel, l'hypothèse naturaliste fournit l'explication la plus simple, la plus claire, la plus intelligible; elle semble donc devoir être préférée à l'hypothèse de la création, beaucoup plus compliquée, plus difficile à concevoir; celle-ci est une hypothèse exorbitante, qu'on n'accepte qu'avec effort et comme indispensable, étant admise celle de la contingence des corps. Cette hypothèse de la création en appelle une autre à son tour, l'hypothèse théiste, encore plus difficile à concevoir. Or, en vertu du principe ontologique de moindre action, l'hypothèse naturaliste s'impose jusqu'à preuve contraire.

Le néant, l'absence de toute existence, est inconcevable; il répugne que rien n'existe, ce qui reviendrait à dire que le néant existe. L'existence particulière, individuelle de tel ou tel objet, est un fait contingent qui pourrait ne pas être ou être autrement. Je conçois que la table sur laquelle j'écris pourrait ne point exister, que les molécules de carbone, d'hydrogène et autres qui constituent sa matière n'existent pas non plus, qu'il n'y ait même aucune molécule de métal ou de métalloïde quelconque, ni aucun atome matériel; mais je ne puis concevoir que la substance, que la force en soi n'existe pas, qu'il n'y ait rien, absolument rien que le néant, le vide absolu, et que tout phénomène soit impossible. La contingence n'est donc pas un caractère absolu de la substance en général, mais un caractère relatif des corps individuels. Il en est de même de l'infinité. Chaque existence individuelle nous apparaît évidemment comme finie; mais le fonds commun des existences, la substance en soi, la puissance cosmique, se conçoit comme infinie et par conséquent éternelle. C'est ainsi que le vulgaire conçoit comme infini et éternel l'espace qui n'est qu'une possibilité d'étendue. La prétendue preuve tirée de la contingence de la matière est donc sans valeur.

Création de l'âme. — Dans le système spiritualiste, l'âme est une substance; or cette substance a commencé d'exister, ainsi que la conscience de chacun en témoigne; donc la substantialité de l'âme suppose un créateur.

On a vu ce qu'il faut penser de l'hypothèse spiritualiste; l'âme n'est pas une substance, mais une résultante
organique; elle s'identifie avec la vie. On a vu aussi à
quelle difficulté insurmontable, à quelle antinomie irréductible se heurte la théorie de la création de l'âme, au
point de vue de la liberté humaine. Il faut choisir entre la
création et la liberté, hypothèses incompatibles et incon-
ciliables qu'on ne peut admettre ensemble sans contradiction. L'argument tiré de la création de l'âme est réfuté
d'avance.

Création de la vie. — Les théistes disent : « La vie
existe sur le globe terrestre; or la terre n'a pas toujours
été habitée par des êtres vivants, ainsi qu'il est constaté
par la géologie; d'autre part, la vie ne naissant que de
la vie, on ne peut expliquer sa présence sur notre globe
que par l'intervention d'un créateur. » — Rien ne prouve
la fausseté de l'hypothèse de la génération spontanée;
rien ne démontre la contingence de la vie, pas plus que
celle de la substance. L'organicisme et le naturalisme expliquent aussi bien l'un que l'autre l'origine de la vie ou
son éternité, comme l'origine de la matière ou l'existence
éternelle de la substance. Il est certain que notre globe
a été soumis à une température telle qu'aucun germe de
vie ne pouvait y subsister; mais il est possible que
durant cette période il y ait eu des germes d'une extrême
ténuité flottant parmi les vapeurs qui enveloppaient la
terre en fusion, ou bien que d'autres germes lui aient
été apportés ultérieurement parmi les poussières cosmiques qui tombent continuellement sur la terre, au dire
des savants. Ce sont autant d'hypothèses opposées à l'hypothèse de la création; aucune d'elles n'est moins plausible que cette dernière.

Preuve tirée du mouvement. — « Le mouvement
n'étant pas essentiel à la matière, mais accidentel, son
existence implique un premier moteur immobile, principe de tout mouvement. La matière est inerte, indiffé-

rente au mouvement ou au repos; donc il faut une cause pour la mouvoir. »

Le principe d'inertie ne s'applique qu'à une masse donnée, non à l'atome, qui est une énergie concentrée Or l'énergie est par elle-même un principe de mouvement, et le seul principe, car il n'y en a pas d'autre. La substance est toute énergie; c'est la seule définition qui lui convienne. L'atome, engendré par un croisement de forces, attire l'atome et forme une molécule; la molécule attire la molécule et forme un corps; le corps attire le corps et forme un monde; les mondes s'attirent et s'équilibrent dans l'univers. L'hypothèse naturaliste fournit une solution satisfaisante du problème. Le mouvement spontané se conçoit parfaitement dans une force infinie que rien ne limite ni ne détermine qu'elle-même. La vie, immanente à la nature, serait une cause possible du premier mouvement. Quelle qu'en soit la source ignorée, le mouvement peut provenir d'une force aveugle et inconsciente, aussi bien que d'une force intelligente. L'idée d'un premier moteur n'implique nullement celle d'un agent doué de volonté libre. On peut et on doit accorder aux théistes que le mouvement a commencé, qu'il n'est pas essentiel à la matière; mais la conclusion qu'ils prétendent en tirer dépasse manifestement les prémisses.

Preuve tirée de l'ordre de l'univers. — Cette preuve s'appelle aussi preuve par la cause finale. C'est l'une des plus anciennes, des plus importantes et des plus spécieuses, au dire des philosophes, que l'on puisse alléguer à l'appui de la doctrine théiste. Kant lui-même, tout en la combattant, témoigne pour elle la plus grande déférence. On peut la formuler ainsi :

« Tout système de moyens et de fins, c'est-à-dire tout ensemble où se voit une série de moyens appropriés à une fin, suppose une cause intelligente; tout ordre révèle un ordonnateur; or dans l'univers, dans l'ensemble comme dans les détails, apparaît une harmonieuse coordination de moyens et de fins; donc la nature est l'effet d'une cause intelligente. »

On a démontré *à priori* en ontologie la finalité immanente aux choses, comme une loi essentielle de la substance. Cette finalité suffit-elle à expliquer l'ordre qui règne dans la nature, ou bien faut-il recourir à une finalité transcendante qui s'ajouterait et se superposerait à la première? Telle est la question qui se pose. Mais avant d'aborder la discussion de ce problème, il importe de bien préciser les faits invoqués par les théistes.

Il s'en faut de beaucoup qu'on doive admirer sans réserve l'ordre de la nature. La création est loin de révéler une sagesse parfaite. Cependant il devrait en être ainsi d'une cause première dont les attributs moraux ne se conçoivent que portés à la perfection; car il serait absurde qu'elle fût inférieure aux causes secondes. Il s'ensuit nécessairement que la création, si création il y a, doit porter l'empreinte de l'intelligence, de la sagesse, de la bonté du créateur, et les faire éclater dans une mesure supérieure. Or l'imperfection de l'œuvre prétendue divine est manifeste. Le conflit est partout. Chaque être a sa finalité propre et poursuit sa fin particulière sans souci des autres; les finalités rivales se heurtent et se détruisent; tout organisme rencontre d'autres organismes ennemis qui ne peuvent vivre qu'à ses dépens et qui travaillent à le supprimer. Des forces aveugles, déchaînées de toute part, ne cessent de contrarier et de bouleverser le travail de la nature et celui de l'homme. S'il y avait au-dessus de la nature une finalité divine, l'ordre serait continu.

La finalité chez les êtres vivants est toujours en raison inverse de leur complexité; d'où l'on peut inférer que la finalité réside dans les éléments vitaux et que l'ensemble en est dépourvu; preuve de la finalité immanente, essentielle, à l'exclusion de la finalité transcendante. La finalité de la cellule semble parfaite; on sait avec quelle rapidité et avec quelle profusion les cellules se réparent et se multiplient. Si de la cellule ou élément vital on passe à un organe, la finalité diminue; elle est d'autant moins parfaite que l'organe est plus compliqué. Ainsi la structure de l'œil est admirable; mais déjà le fonctionnement de cet organe est souvent défectueux et sujet à de continuels dérangements. Si de l'organe on passe à l'organisme, la finalité est encore plus en défaut; de combien de maux, de combien d'infirmités n'est-il par le siège! Le désordre y règne autant que l'ordre; son régime normal est une lutte de chaque moment contre des légions d'ennemis invisibles qui l'assiègent, le tourmentent sans relâche et finissent par le faire succomber.

Si du détail de la vie on passe à l'ensemble du monde inorganique, la même observation frappe l'esprit non prévenu. C'est à peine si la dixième partie de notre globe est habitable pour l'espèce humaine, qui cependant doit la peupler. La merveilleuse succession des jours et des nuits ainsi que des saisons est un simple effet de la rotation de la terre sur son axe et de l'obliquité de cet axe sur le plan de l'écliptique. Les animaux et les végétaux se sont adaptés aux conditions qui résultent de cet état de choses; ils se sont faits aux circonstances, mais ce n'est pas pour eux que les circonstances ont été ainsi réglées. Sur les planètes où les changements de saisons sont insensibles, où la pesanteur est différente, la faune et la flore sont sans doute différentes des nôtres. La lune, privée d'air et de liquides, est probablement déserte et stérile. Où est sa finalité? Elle produit les marées, mais elle n'éclaire nos nuits que très imparfaitement. Quant aux grosses planètes de notre système, ce sont probablement des corps morts qui se promènent inutilement dans l'espace. Le froid intense qui doit y régner en exclut probablement la vie. Ainsi sans doute d'une multitude d'autres mondes d'où la finalité est absente.

Dans l'hypothèse de la création, la théorie de l'échelle des êtres devrait recevoir des faits une confirmation continue. Or il est certain que la formation des animaux n'o-

béit pas à la loi d'un perfectionnement graduel, c'est-à-
dire qu'elle ne s'est pas faite par voie ascendante, en partant
des organisations inférieures. Les espèces sont apparues
pêle-mêle, sans plan initial. Il semble qu'il y ait eu des
tâtonnements, des rétrogradations dans l'ordre d'apparition des types. Ainsi, l'organisation des entozoaires,
des parasites animaux qui ont leur habitat fatal dans les
organes des vertébrés, car il leur est impossible de vivre
ailleurs, prouve que la conception de ces types est postérieure à la création des vertébrés, leurs hôtes nécessaires. Ils auraient donc été créés pour détruire les premiers !
On observe dans la série animale des fantaisies étranges,
inconcevables, l'ornithorynque par exemple; des débau-
ches de mauvais goût, des tendances au hideux, comme
dans les cestodes, l'ascaris nigro-venosa, le trichosome
crassicauda. Des types qui furent supérieurs ont suc-
combé après une durée plus ou moins longue, cédant la
place aux types inférieurs. Claude Bernard nie à chaque
instant et avec une vivacité croissante toute intervention
d'une cause finale directrice agissant actuellement chez
les êtres qui apparaissent à la vie.

Les *évolutionnistes* rejettent *à priori* la finalité transcendante et prétendent tout expliquer par la finalité immanente des causes efficientes. Pour certains même la
finalité n'est qu'apparente; ce qu'on appelle cause n'est
qu'un effet. Considérons, disent-ils, la structure du corps
humain; elle est étonnante et nécessiterait un ouvrier
d'une merveilleuse habileté, si on la supposait créée de
toutes pièces. Mais c'est là une conception d'enfants et
d'ignorants. Tout produit de la nature est le résultat d'une
longue et progressive élaboration, du concours de causes
multiples et incessantes, d'essais infructueux, d'avorte-
ments sans nombre dans la série des siècles innombrables. Remontons au point de départ, à la cellule primitive. Cette cellule vivante fonctionne, et par ses fonctions
acquiert peu à peu des organes, car on sait que le besoin
crée l'organe. Pour s'adapter au milieu où elle vit, elle

s'organise et se modifie progressivement. Parmi ces
modifications, il en est d'heureuses, d'utiles, de profitables. Celles-ci persistent par l'effet d'une sélection naturelle; car, dans la lutte pour la vie, qui est constante
entre les vivants, les individus les plus aptes subsistent
seuls, à l'exclusion des autres; les défectueux, les impropres, les mal venus, sont éliminés par la concurrence; les
forts, les bien conformés, survivent, se reproduisent et
transmettent à leurs descendants les résultats, les progrès
obtenus, que ceux-ci augmenteront à leur tour. L'aptitude
va croissant de génération en génération. Ainsi s'explique la transformation graduelle des espèces, progression
insensible aux regards de l'observateur, car elle résulte
de la lente accumulation des siècles. Dans la multitude
infinie des combinaisons auxquelles a donné lieu le jeu
continuel de la nature dans le champ immense de l'espace
et du temps, toutes celles qui ne réunissaient pas les
conditions de stabilité ont disparu, pour ne laisser subsister que celles qui trouvaient dans l'harmonie fortuite
de leurs éléments des conditions de durée suffisantes.

Les harmonies signalées peuvent s'établir d'elles-
mêmes, par des influences ou des réactions qui tiennent
à la solidarité des diverses parties du système, sans qu'il
faille les imputer à une finalité transcendante. Il y a une
solidarité incontestable entre les forces concourantes de
la nature; il y a des réactions mutuelles dont le jeu suffit
pour amener dans l'état actuel que nous observons une
harmonie qui n'existait pas originairement, sans aucune
coordination providentielle en vue d'une fin. En vertu de
cette solidarité, les faits particuliers s'ajustent aux faits
généraux et dominants, le détail se subordonne à l'ensemble. C'est ainsi que la patte du chien de Terre-Neuve
offre un rudiment de palmature approprié à sa vie aqua-
tique; chez le chat domestique, le tube intestinal s'allonge,
à cause des aliments végétaux dont on l'oblige à se nour-
rir. Les choses tendent à un équilibre universel; il s'établit entre elles une sorte de moyenne qui est le fonde-

ment de la statistique ; l'ordre naît de lui-même du chaos primordial. Si l'on fixe à un même support deux horloges à marches non concordantes, la transmission des mouvements de l'une à l'autre par l'intermédiaire du support commun les amène au synchronisme et à la concordance exacte. Les corps qui peuvent se communiquer leurs mouvements vibratoires tendent à vibrer à l'unisson, quoique discordants à l'origine. Si l'on agite au hasard de l'air ou de l'eau à l'embouchure d'un tuyau de forme régulière, le mouvement irrégulier se propage régulièrement, et les ondulations deviennent régulières dans le tuyau, indépendamment du mode d'ébranlement initial. L'ordre qui s'établit en définitive est la conséquence de lois physiques rigides et simples comme des lois mathématiques ; l'harmonie entre phénomènes ou séries de phénomènes résulte de l'influence qu'un phénomène ou une série exerce sur un autre phénomène ou une autre série.

Épicure avait pressenti cette théorie de l'évolutionnisme moderne, quand il supposait que les êtres vivants résultaient d'un ensemble de combinaisons de toute sorte, parmi lesquelles il devait s'en trouver d'harmonieuses. Darwin et Spencer n'ont fait que développer et compléter cette doctrine.

Ainsi l'organisation des êtres, la force plastique inhérente à la vie, ne seraient dues ni à l'action instantanée d'une cause intelligente et libre, ni à des combinaisons fortuites à l'épuisement desquelles aucun temps ne suffirait. Le hasard ne saurait expliquer l'ordre relatif que nous voyons. Il serait aussi déraisonnable d'attribuer le monde à un coup de dés, qu'il le serait de supposer que l'*Énéide* ait pu se former par une combinaison des lettres jetées pêle-mêle et se rangeant spontanément dans l'ordre d'où naît le poème. Cette rencontre est moralement impossible. Mais l'hypothèse de quelques mots formés çà et là par certains groupements fortuits n'a rien d'invraisemblable. · Or, à ces premiers mots, s'ils se maintiennent, peuvent s'ajouter quelques mots, puis encore quelques autres dus à des coïncidences accidentelles. Répétons l'expérience indéfiniment, nous arriverons à composer l'*Énéide* à coups de hasard répétés, à la seule condition de conserver chaque résultat obtenu et de ne pas recommencer le tout à chaque essai. Or la nature ne recommence pas son œuvre; elle opère avec suite et continuité, et ses tâtonnements sont sans limite; elle a le temps pour elle et peut multiplier ses coups de dés indéfiniment. D'après les supputations de la science, l'époque primaire aurait duré 75 millions 'd'années, l'époque secondaire 10, l'époque tertiaire 6. Les physiciens, s'appuyant sur la thermodynamique, ont admis une durée de 100 millions d'années pour la solidification des couches superficielles de notre globe. Lyell évalue à 300 millions d'années le temps écoulé depuis lors. Ce n'est donc pas le temps qui manque à la nature. En face de cette immense durée, on comprend mieux sa lente évolution que l'opération instantanée d'un démiurge.

L'ordre physique ne prouve donc point l'existence d'une cause intelligente. Cette conclusion indigne les théistes. « La nature réalisant un plan intelligible, sans qu'une intelligence préside à son travail, y a-t-il rien, dit Caro, de plus difficile à admettre? L'esprit est la forme supérieure de la vie universelle, il marque le poin' culminant de la nature ; son emploi est de comprendre le cosmos dans ses types, dans ses lois; ces types et ces lois présentent un merveilleux système; mais cette œuvre intelligible n'a pas d'auteur intelligent, et ce qu'il est si noble pour la pensée de comprendre n'est que l'effet d'une nature aveugle! La raison de l'homme met sa gloire à pénétrer la raison des choses, et cette raison des choses vient d'une source inférieure à l'esprit qui la conçoit ! » — L'existence d'un plan préconçu, c'est précisément ce que nient les naturalistes. Il n'y a aucune anomalie à ce que la raison des choses s'ignore elle-même et ne soit pas intelligente au début. La nature, d'abord inconsciente comme l'homme, prend peu à peu conscience d'elle-même

dans l'intelligence humaine. Tel est l'ordre normal, tel
est le cours ordinaire des choses. Logiquement, l'intelligible précède l'intelligence qui le conçoit. Le progrès,
qui est la loi universelle, consiste précisément dans une
connaissance de plus en plus complète et réfléchie des
choses par l'esprit. La pensée est le couronnement de
l'évolution substantielle, l'épanouissement des forces naturelles, le point culminant de la nature; il est dans l'ordre que ce couronnement ne vienne qu'à la suite des faits
physiques, après un long travail, après l'effort suprême
dont il est le fruit. La nature est-elle l'œuvre d'un ouvrier? C'est précisément la question. La science des lois
naturelles n'en est pas moins noble, pour être rapportée
à l'essence des choses plutôt qu'à une cause libre. Les
mathématiques ne cèdent en dignité à aucune autre; cependant elles s'ignorent elles-mêmes; elles sont intelligibles, sans procéder d'aucune intelligence; elles ne sont
point aveugles, ni inférieures à l'esprit qui les conçoit.

Problème du mal. — Le problème du mal porte un
dernier coup, un coup décisif, à l'argument tiré de la
cause finale. Ce problème consiste à concilier le mal physique et le mal moral avec la sagesse et la bonté d'un
Dieu créateur.

Mal physique. — Le mal physique, c'est-à-dire le désordre et la souffrance qui en résultent pour la créature,
abonde dans notre existence et la remplit tout entière.
Tout ce qui vit souffre à un degré plus ou moins intense;
il semble que ce soit une loi de la vie. Les maux qui acca-
blent l'humanité « dans cette vallée de larmes » sont sans
nombre, sans trêve et sans mesure : fléaux, maladies,
deuils, inquiétudes, peines de toute sorte; dans l'existence la plus fortunée, la somme des maux excède celle
des jouissances. Quel est l'homme qui voudrait, s'il lui
était donné de vivre une seconde fois, recommencer la
vie qu'il a déjà vécue? Pour expliquer notre triste condition, les théistes représentent la vie comme un passage,

une épreuve qui devient pour le malheureux une cause de progrès, une source de mérites pour l'avenir, en vue d'une vie meilleure. Cette explication est en défaut à l'égard des petits enfants qui meurent en bas âge et semblent n'être nés que pour souffrir et mourir, ainsi qu'à l'égard de ceux qui ignorent Dieu et se révoltent contre une souffrance dont ils ne peuvent comprendre la raison d'être. Enfin, la mort qui couronne la lamentable série de nos maux ne serait, au dire des théologiens, que le châtiment du *péché originel.* Cette théorie discutable sort du domaine philosophique; mais le besoin où l'on est d'y recourir pour justifier la Providence, prouve que la difficulté est sérieuse; le problème est insoluble sans ce postulat.

Quoi qu'il en soit à l'égard des hommes, l'objection se redresse absolue, irréfutable en ce qui concerne les animaux, incapables, eux, de mérite ou de démérite, et dont la vie n'est qu'une longue torture. L'« hymne que la créature chante au créateur » est un cri de douleur et de détresse, une plainte ininterrompue des espèces qui s'entre-dévorent. Chaque coin de l'univers est le théâtre de souffrances atroces, d'angoisses déchirantes, de combats acharnés, de carnages impitoyables. Des milliers de drames horribles se dissimulent partout, dans l'ombre des forêts, dans les profondeurs de l'Océan, dans l'air, sous la pierre, sous le brin d'herbe, dans chaque corps vivant, assailli sans trêve par des légions d'ennemis. Tous les « enfants de la nature », s'ils étaient doués de raison, maudiraient leur mère. « Plus le monde semble grand et inflexiblement ordonné, moins on y découvre de pitié et de sollicitude pour la créature, moins on y sent une intention bienveillante susceptible d'être inclinée vers nous. Cette admirable nature, si savante, si habile, manque tout à fait de bonté, au moins pour l'individu; on peut croire à sa puissance, mais on ne saurait croire à son amour. » Un tel spectacle est déconcertant, si l'on admet un Dieu infiniment bon, aimant ses créatures.

Les théistes répondent que c'est là un mystère insondable, et qu'il n'appartient pas à l'homme de critiquer le plan divin. — Pétition de principe manifeste; la question qui se pose est précisément celle de l'existence d'un plan divin. C'est par ses œuvres que Dieu se révèle à l'humanité; il appartient donc à la raison humaine d'examiner la création pour y chercher le créateur. Si dans cet examen nous rencontrons des anomalies incompatibles avec les attributs de Dieu, nous devons logiquement douter de sa réalité. Il est évident qu'il ne saurait entrer dans le plan divin de tendre des pièges à l'homme, de déconcerter sa raison en lui proposant l'énigme du monde, de troubler son jugement et de l'induire fatalement en erreur.

Mal moral. — Le mal moral est un effet de la liberté humaine; le pouvoir de bien faire implique celui de mal faire. La liberté est un bien; elle est la condition du plus grand des biens, la vertu. Le mal moral, quoique dominant dans le monde, ne serait donc pas une objection contre la sagesse et la bonté de Dieu, si l'on pouvait l'attribuer définitivement à la liberté humaine. Mais on a vu que, le principe de la création étant admis, sa conséquence forcée est la coopération du créateur aux actes de la créature, et plus qu'une coopération : une opération souveraine. C'est le créateur qui fait agir la créature, c'est lui qui détermine ses actes. Si l'homme agit mal, c'est le créateur qui le fait mal agir. Il n'y a pas de subtilité qui puisse éluder cette conséquence. Les théologiens reconnaissent d'ailleurs que la grâce est nécessaire à l'homme pour faire le bien. Pour le philosophe, la grâce est incompatible avec la liberté humaine, comme la sagesse divine avec le mal moral, qui en définitive est voulu par le créateur.

Pessimisme et optimisme. — La difficulté d'expliquer le mal a donné lieu à deux systèmes qu'il convient d'exposer : le pessimisme et l'optimisme.

Pessimisme. — D'après les pessimistes (Byron, Schopenhauer, Hartmann, le bouddhisme), le monde est radicalement, essentiellement mauvais; il est la source du mal; le bien n'est que dans l'anéantissement, le *Nirvâna*. Le monde est l'effet d'une cause aveugle, inconsciente, qui produit toutes choses sans raison et sans but; le vrai remède au mal, c'est de se désintéresser de la vie. L'homme s'imagine que la vie a un but, le bonheur; de là les trois erreurs successives de l'humanité. L'antiquité païenne a rêvé l'âge d'or dans le passé; le christianisme rêve la vie future du paradis; de nos jours, les philanthropes rêvent un progrès indéfini dont jouiront les générations à venir. Chimères, illusions : la somme du malheur l'emportera toujours sur celle du bonheur.

Optimisme (Leibnitz, Bossuet, Fénelon). — Dans ce système, le monde est le meilleur possible, en ce sens qu'il est indéfiniment perfectible (optimisme relatif). Le créateur, dans sa sagesse et sa bonté, n'a pu choisir que le meilleur monde possible, c'est-à-dire celui qui a en lui-même un principe de progrès sans fin; ce principe, c'est la vertu. Ainsi la liberté fait partie intégrante de l'équation du meilleur des mondes. Mais cette équation peut recevoir une infinité de solutions différentes, selon les différentes valeurs que peut prendre la liberté. Il dépend donc de l'homme d'achever l'œuvre du créateur. Leibnitz invoque le principe de raison suffisante ou de convenance. « Le monde actuel, dit-il, est le plus parfait possible, car un monde moins parfait eût été sans raison suffisante. » — Ces systèmes n'expliquent pas le mal physique et sont en contradiction avec l'expérience qui nous montre le mal moral dominant partout le bien, c'est-à-dire l'avortement du plan divin.

Quant au monde qui réaliserait le maximum de perfection (optimisme absolu), c'est un concept absurde, vide de sens. Quelque parfait qu'on suppose un monde, on peut toujours en concevoir un meilleur, en supprimant une de ses innombrables imperfections. En définitive, il faut ou bien renoncer à la création, ou bien admettre que Dieu a choisi un monde moins parfait que celui qu'il pouvait créer.

Preuve tirée de la loi morale. — « La loi morale implique un législateur, une volonté souveraine qui commande et à laquelle on doit obéir; le devoir suppose un ordre supérieur. Or ce législateur ne peut être que Dieu; cette volonté souveraine, ce droit supérieur, ne peuvent émaner que de Dieu. »

Le principe de cet argument est faux, et la conclusion dépasse les prémisses.

C'est se faire une idée erronée de la loi morale que de l'assimiler à une loi positive. Sans doute il n'y a pas de loi positive sans un législateur dont elle émane. Mais la loi morale est antérieure et supérieure à toute loi positive, car c'est elle qui confère aux lois positives leur caractère obligatoire. Elle ne réside point dans une volonté personnelle, mais dans l'essence même des choses, c'est-à-dire dans l'ordre immuable qui est le principe de la distinction du bien et du mal. Si Dieu était l'auteur de la loi morale, il pourrait à son gré la modifier, comme tout législateur peut modifier les lois qu'il édicte. Or, il n'est pas au pouvoir de Dieu, dans le système théiste, de changer le bien en mal et le mal en bien. Si Dieu existe, on doit obéir à ses commandements, en vertu de la loi morale; donc cette loi préexiste aux commandements divins; donc la loi morale ne peut servir à prouver l'existence d'un législateur souverain.

Le principe de la loi morale, la raison d'être du devoir, c'est le bien en soi, le bien absolu; de même que le principe de la vérité, la distinction du vrai et du faux, c'est l'être en soi, l'être absolu. Or le bien absolu est impersonnel comme le vrai absolu. La vérité n'a pas besoin pour être, d'une intelligence qui la conçoive; le bien n'a pas besoin pour être, d'une volonté qui l'impose. La loi morale n'est pas une création de Dieu, comme une loi

positive est une création du législateur. Veut-on identifier la loi morale avec Dieu lui-même ? Le philosophe
pourrait y souscrire ; mais on ne saurait en conclure
l'existence d'un Dieu personnel, ce qui est la question
présente.

La loi morale, la morale proprement dite, est indépendante de tout dogme, même de l'existence de Dieu :
c'est là une vérité essentielle sur laquelle on ne saurait
trop insister. A l'opposé de l'épicurisme, qui proposait
aux hommes la béatitude, c'est-à-dire la jouissance
comme terme de leur activité, le stoïcisme s'attacha à
l'absolu et proclama le devoir, l'obéissance à la loi, comme
le souverain bien ; ce fut le principe de sa dignité. La
morale théiste est un système intermédiaire entre les
deux extrêmes. Les arguments qu'il invoque ne résistent
pas à l'examen.

1° « Nous ne cherchons jamais notre fin dans les choses inintelligentes ; ce n'est pas en elles que se termine
notre activité ; nous ne les voulons que pour le bien
qu'elles nous procurent ; elles ne sont jamais pour nous
que des moyens. » — Cette assertion, toute gratuite, est
démentie par l'expérience. Le savant, l'homme d'étude,
s'attache à la science par amour de la science et se pas-
sionne pour la vérité elle-même. L'intelligible est le souverain bien de l'intelligence et le but de notre activité
(ce qui démontre l'identité du vrai et du bien absolu). Ce
n'est pas l'intelligent qui nous attire, mais l'intelligible,
c'est-à-dire l'être, qui se retrouve en dernière analyse au
fond de toutes nos aspirations.

2° « Le rapport de l'agent moral à sa fin est un rapport
de subordination ; la fin est un bien supérieur dans lequel l'agent doit trouver sa perfection. Soumettre la personne aux choses irraisonnables, impersonnelles, serait
soumettre le supérieur à l'inférieur. » — La volonté se
soumet au bien comme l'entendement se soumet au vrai ;
tel est l'ordre essentiel des choses. Le fini se soumet à
l'infini, le particulier à l'universel ; ainsi le veut l'ordre

hiérarchique. L'activité libre et changeante se subordonne
à l'immuable, comme l'intelligence contingente aux vérités nécessaires. Qualifier le vrai d'irraisonnable parce
qu'il est impersonnel, c'est abuser étrangement des mots.
Le bien n'est pas une chose, mais l'ordre des choses.

3° « L'acte moral est un acte vital qui ne peut avoir
pour terme qu'une existence vivante supérieure. » — La
moralité est un rapport entre une existence, une activité
vivante, et une loi qui n'a rien de vivant; l'acte moral, en
tant que moral, n'est pas un acte vital, la moralité n'étant
qu'un rapport idéal. La volonté qui obéit est bien une
volonté vivante, mais elle peut obéir à autre chose qu'à
une volonté vivante; une loi n'est pas nécessairement
une volonté. L'argument des théistes n'a aucun sens ni
aucune portée.

Preuve tirée de la nécessité d'une sanction. — « Le
mérite ou le démérite doit être récompensé ou puni.
Or il n'y a de sanction qu'avec un Dieu juste, tout-puissant et omniscient. » — On nomme *sanction* la récompense des bonnes actions et la punition des mauvaises.
La sanction peut se définir : *un rapport de connexité entre
le bien moral et le bien physique, entre le mal moral et le
mal physique.* Ce rapport n'est pas un rapport nécessaire;
il ne se déduit pas, il s'induit. Les concepts de mérite et
de démérite, c'est-à-dire d'une rémunération due au bien
et au mal, sont des dérivés de la double idée de moralité
et de justice. Ils n'ont de réalité que dans l'hypothèse
d'un justicier, arbitre du mérite et du démérite. La justice effective suppose une intelligence et une volonté qui
l'exercent; l'idée de justice en soi est une pure abstraction, si on la sépare de celle d'un justicier. L'idée de sanction n'est donc pas essentielle à l'idée de moralité; qu'il
y ait ou non une sanction, le bien est le bien, le mal est
le mal. La sanction se superpose au mérite ou au démérite, elle ne les constitue pas. La loi morale subsiste et
s'impose par elle-même, sans égard aux conséquences

qui en peuvent résulter pour l'agent libre. L'excellence du bien est d'être pratiqué pour lui seul, par pur amour, et non en vue d'un avantage quelconque. Le sentiment du devoir désintéressé est le seul mobile digne de l'homme de bien. Sa devise est : Fais ce que dois, advienne que pourra. Celui qui se dévoue, qui se sacrifie pour le bien, n'attend aucun prix de son héroïsme; il obéit à la voix de sa conscience, à la loi du devoir et de l'honneur. La vertu cesserait d'être la vertu si elle était l'objet d'un calcul. De même, l'homme consciencieux s'abstient de faire le mal, au prix des sacrifices les plus pénibles; aucune tentation n'est capable de le faire dévier de la ligne droite

Ce n'est point pour rendre les choses justes et obligatoires que le législateur ajoute une sanction pénale à la loi, c'est pour rendre la loi plus efficace. Ce qu'il punit, ce n'est pas l'immoralité d'un acte, c'est le désordre, le préjudice social résultant de la violation de la loi; la sanction a pour but d'en prévenir le retour. Peu importe au cours général des choses l'écart d'une volonté libre, si l'ordre universel n'en est pas troublé effectivement. Dans l'hypothèse d'un Dieu personnel, il est évident que la seule désobéissance de la créature est une offense au créateur, une atteinte à la majesté et à la souveraineté divine. Cette offense mérite un châtiment, de même qu'il convient au maître de récompenser celui qui l'a bien servi. L'existence de Dieu, si elle est établie, prouve donc l'existence d'une sanction, mais la réciproque n'est nullement fondée. Asseoir l'existence de Dieu sur la nécessité d'une sanction, c'est faire une pétition de principe. La justice effective peut se prouver par Dieu, mais Dieu ne se prouve pas par l'idée de justice.

L'homme a soif de justice, c'est sa passion favorite; l'injustice le révolte; il n'a de repos que si elle se répare. Le spectacle des iniquités du monde nous porte à invoquer une justice supérieure qui redressera tous les torts et donnera à chacun ce qui lui est dû. La nature, qui est

amorale, inflige un démenti perpétuel à cette aspiration;
l'impunité y règne; elle est indifférente au bien ou au
mal moral. Cependant on ne peut dire qu'elle soit entièrement dépourvue de sanction; il semble qu'il y ait une
justice immanente des choses. Mais cette justice s'exerce
à l'égard des collectivités, non à l'égard des individus.
« L'histoire nous montre une balance assez exacte, assez
constante entre l'actif et le passif des nations, soit par
la chute des empires fondés sur la violence, soit par le
développement et la prospérité des civilisations où règne
l'équité. » Cette sanction de l'histoire n'est point une ven-
geance anonyme et mystérieuse; elle résulte de la nature
même des choses. En ce qui concerne les individus, on
ne saurait dire d'une manière absolue que sans Dieu la
morale manque de sanction. L'imperfection ou la dégra-
dation qui résulte pour un être de la violation répétée
des lois morales est une véritable sanction. Le témoignage de la conscience, le remords qui suit le crime, la
satisfaction qui accompagne la bonne conduite, l'estime
ou le mépris public qui s'attachent à la vertu et au vice,
sont autant de sanctions importantes et efficaces. Enfin
l'expérience montre que la pratique du bien, l'honnêteté,
le courage, la générosité, trouvent souvent leur récompense effective au cours de la vie, de même que la plupart
des vices et des mauvaises actions sont punis par leurs
propres conséquences.

Preuve tirée du consentement universel. — « Tous
les peuples, dans tous les temps, ont cru à l'existence
d'une divinité; un pareil accord ne peut s'expliquer que
par une cause supérieure qui est Dieu lui-même. »

Le fait qui sert de base à cet argument n'est nullement
certain, et même certain, il ne prouverait rien. Il y a des
peuples qui n'ont aucune idée d'un Dieu personnel. Ainsi
le bouddhisme, auquel appartient un tiers de l'humanité,
est une sorte de religion athée. Les adorateurs du soleil,
non plus que les dualistes et les fétichistes, ne peuvent

être comptés comme théistes. Les premiers hommes, qui par ignorance ont déifié les forces mystérieuses de la nature, obéissaient à un instinct commun aux animaux, celui d'attribuer à une puissance occulte les forces bienfaisantes ou malfaifantes dont ils ne pouvaient se rendre compte. C'est là un phénomène d'induction, non de déduction. Mais cet instinct, malgré son universalité, ne saurait s'ériger en critérium de vérité; le cercle vicieux serait manifeste. L'instinct n'est infaillible que dans l'hypothèse où la nature est l'œuvre d'un Dieu sage et parfait, ce qu'il s'agit précisément de démontrer. L'homme a été appelé « animal religieux », parce qu'il possède seul la faculté d'abstraire et de généraliser. Veut-on y voir une révélation de Dieu? Il faudrait que cette révélation fût uniforme.

Loin de profiter au théisme qui l'invoque, la preuve tirée du prétendu consentement universel se retourne contre lui. Le désordre moral régnant dans l'humanité au point de vue religieux, constitue une objection capitale.

Dieu, en créant l'humanité, n'aurait pu se proposer d'autre fin que lui-même, toute autre fin étant indigne de lui. S'il a créé des êtres intelligents, actifs, sensibles, c'est pour être connu, aimé, servi par eux. Donc la connaissance de Dieu doit être à la portée de tous, elle doit régner universellement. L'existence de Dieu, si elle est réelle, ne peut être qu'une vérité évidente, éclatante comme la lumière du jour. Une vérité primordiale qui serait un objet de recherches laborieuses et sujettes à erreur, ne serait plus un principe. De plus, un Dieu personnel ne se conçoit pas sans qu'il y ait une religion instituée par lui dans le monde, une religion réglant les rapports entre le créateur et la créature, fournissant à celle-ci les moyens d'atteindre sa fin, de connaître et de remplir sa destinée; une religion par conséquent facile à discerner, indiscutable, évidente; sinon, il faudrait dire que Dieu se plaît à nous égarer. Tout est concentrique dans l'univers; si Dieu en est le centre, tout doit graviter autour de lui et tendre vers lui. L'ignorance de Dieu ou l'impossibilité de le connaître serait une dérogation à la loi universelle, une anomalie, une *excentricité*. Or il est constant qu'une multitude d'hommes ignorent Dieu ou doutent de son existence et de ses vrais attributs. Ceux mêmes qu'on appelle théistes se font de la divinité les conceptions les plus diverses. On aurait peine à énumérer les formes multiples que cette idée a revêtues. L'homme a adoré tantôt plusieurs dieux, tantôt un seul, personnel, impersonnel, tri-personnel. Il n'est pas de chimères, de fantaisies plus ou moins étranges que la pensée religieuse n'ait enfantées, dont plusieurs seraient aussi offensantes pour le vrai Dieu que l'athéisme. Des centaines de religions différentes, de cultes ennemis, d'Églises rivales, de sectes dissidentes, se partagent et se disputent la clientèle des croyants; chacune renferme dans son sein des hommes intelligents, instruits, vertueux, sincères; aucune d'elles ne parvient à se prouver d'une manière péremptoire et à supplanter les autres. Dans nos sociétés contemporaines, civilisées et affairées, Dieu et la religion tiennent de jour en jour moins de place; à tort ou à raison, on les a bannis presque partout des institutions publiques; l'indifférence à leur égard naît de leur incertitude. Est-ce donc là en vérité l'œuvre d'un Dieu sage? Et qui oserait prétendre que le plan divin, s'il y en a un, n'a pas misérablement échoué?

Les théologiens affirment que Dieu est un Dieu caché, qu'il faut chercher avec simplicité d'esprit et de cœur. C'est là une des pires aberrations du mysticisme. Dieu, s'il existe, ne saurait faire grief à l'homme d'appliquer sa raison, qui est sa plus noble prérogative, à la recherche de la vérité religieuse, la plus élevée, la plus importante de toutes. Réserver la connaissance de cette vérité aux ingénus et la refuser aux raisonneurs, serait un contresens manifeste, indigne de Dieu. Les théologiens se plaisent à dire qu'un peu de science éloigne de Dieu et

que beaucoup de science y ramène. Cet aphorisme mérite
l'attention. Il est impossible à l'homme quelque peu cul-
tivé, au regard de l'enchaînement régulier et fatal des
causes et des effets qui se succèdent dans la nature, de
ne pas être frappé du déterminisme universel; il hésite
à admettre une cause surnaturelle, en dehors des causes
naturelles qui ferment la porte au miracle et ne laissent
aucune place à la Providence. L'ignorant, incapable d'un
examen approfondi, ne voit que la surface des choses et
attribue naïvement à l'opération d'un démiurge les résultats qu'il ne peut expliquer scientifiquement. Pour peu
qu'il étudiât les sciences naturelles, il comprendrait que
le lent travail des siècles ait pu produire les végétaux et
les animaux en partant d'un protoplasme originaire, et
que les lois de la mécanique aient créé notre système so-
laire. L'intervention d'un créateur étant reconnue inutile
dans cette hypothèse, il douterait de l'existence de Dieu.
Tel est le fruit de l'éducation scientifique la plus élémentaire. Or, la science médiocre est le lot de la plupart des
hommes; il s'ensuit que la majeure partie de l'humanité
pensante et raisonnante se trouve fatalement condamnée
à l'athéisme. Dieu l'aurait-il voulu ainsi? D'autre part, il
se peut que le savant, appliqué à la recherche des causes,
poursuivant sans relâche la solution intégrale d'un problème ardu et voyant l'ombre ne reculer devant lui que
pour reparaître plus loin, se décourage par l'inanité de
ses efforts, renonce à demander à la science une certitude toujours fuyante et se réfugie dans la foi simple et
naïve des premiers âges. L'exemple n'est pas rare, mais
il ne prouve rien. Parmi les princes de la science, les
uns nient Dieu, les autres l'affirment; mais parmi ceux-ci
combien de manières différentes de concevoir la divinité!
L'anarchie religieuse où l'humanité est plongée est une
difficulté irrésoluble dans l'hypothèse théiste.

Preuve tirée de l'idée d'infini. — Cette preuve, nommée *cartésienne* parce qu'elle a été développée par Des-

cartes, peut se formuler ainsi : « Nous avons l'idée d'infini; or cette idée ne peut nous être donnée que par
l'infini lui-même, puisqu'elle n'est pas contenue dans le
fini; donc l'infini existe. »

Tout est erroné dans cet argument. D'abord nous n'a-
vons pas l'idée positive, c'est-à-dire la perception directe de l'infini, comme nous avons celle de l'être en
soi. L'infini est un concept complexe formé de deux
négations; c'est une négation de négation. In-fini équi-
vaut à non-fini, non-limité; or la limite est elle-même
une négation; c'est en combinant ces deux négations que
nous formons le concept d'infini. Il est donc inexact de
dire que l'idée d'infini nous vient de l'infini lui-même;
elle nous vient du fini, dont elle s'extrait par généralisation. L'idée que nous avons de l'infini est une idée abstraite, correspondante à un être de raison. On peut en
conclure que l'infini *est,* mais non que l'infini *existe.*
Cette idée peut s'appliquer soit à l'étendue, soit à la
durée, soit à la substance universelle, c'est-à-dire à des
réalités générales qui sont concevables sans limites;
mais elle n'est pas applicable à une personne, à une individualité existante, ce qui serait contradictoire, l'infini
ne pouvant revêtir l'individualité, la personnalité, sans
cesser d'être infini. De ce que nous concevons une étendue, une durée, une substance ou force infinies, il ne
s'ensuit nullement qu'une réalité objective, existentielle,
corresponde à ces conceptions idéales. Même en admettant cette individualité infinie, on aurait, pour arriver
à l'existence de Dieu, à démontrer que cette individualité est intelligente et consciente. La preuve cartésienne
est donc sans valeur. Elle ne prouve pas que l'infini
personnel puisse être, encore moins prouve-t-elle qu'il
existe.

C'est le défaut commun de toutes les preuves métaphysiques de l'existence de Dieu, de ne pouvoir aboutir qu'à
une conclusion idéale et abstraite, c'est-à-dire à un Dieu
métaphysique, non à un Dieu réellement existent, c'est-

à-dire à une entité physique. Ces preuves se déduisent *à priori* de notions purement rationnelles et abstraites. Or de prémisses absolues, on ne saurait tirer qu'une conclusion absolue, générale, jamais une vérité particulière, une vérité existentielle. L'existence ne peut se déduire que d'une existence, jamais d'une pure essence. On ne peut passer d'une vérité essentielle à une vérité existentielle qu'au moyen d'une vérité de même nature, de même ordre que celle-ci. La preuve analytique suffit aux sciences idéales; mais, pour prouver l'existence de Dieu, il faut une preuve cosmologique ajoutée à la preuve ontologique. « Je vois bien, dit Leibnitz, que supposé un triangle, ses trois angles sont nécessairement égaux à deux droits, mais je ne vois pas pour cela qu'il y ait aucun triangle réel. » Si A existe, on a $A = A$; mais A peut ne pas exister. La logique condamne en bloc les preuves métaphysiques de l'existence de Dieu.

Preuve tirée des vérités nécessaires. — Cette preuve remonte à Platon, d'où son nom de *platonicienne*. Elle a été reprise par Bossuet et Leibnitz.

« Les vérités premières, éternelles, nécessaires, sont indépendantes des êtres dans lesquels elles se réalisent et de notre esprit qui les conçoit; donc elles doivent posséder leur réalité dans une intelligence nécessaire qui les entend éternellement et qui est Dieu. »

Loin de prouver l'existence de Dieu, au sens des théistes, cet argument prouve rigoureusement le contraire. D'abord les vérités nécessaires n'*existent* pas ; elles *sont* par elles-mêmes, indépendamment de toute intelligence capable de les concevoir. La réalité essentielle de la vérité n'a nul besoin, pour subsister, d'une réalité existentielle quelconque. L'existence dépend de l'essence; l'essence ne saurait dépendre d'aucune existence. L'intelligible se passe de toute intelligence existante. L'intelligence ne saurait se passer d'intelligible ni exister sans lui; c'est l'intelligible qui fait l'intelligence, et non l'intelligence l'intelligible. La connaissance suppose un objet connu, mais cet objet en lui-même ne suppose aucune connaissance effective; il est nécessairement connaissable, mais accidentellement connu : la connaissance ne lui ajoute rien; son être est complet sans elle. Ainsi les vérités mathématiques subsisteraient intégralement en dehors de tout mathématicien. Une raison universelle n'ajouterait aucune réalité au vrai, à l'être en soi, à l'essence des choses, pas plus qu'une volonté parfaite n'ajouterait de réalité au bien absolu.

Mais l'argument se retourne contre le théisme. Les vérités nécessaires sont l'absolu; or Dieu est aussi l'absolu; il y aurait donc deux absolus, un absolu connu par un autre absolu, ce qui est absurde. Dieu ne peut que se confondre avec les vérités nécessaires en formant avec elles un seul et même être. Cette théorie, la seule logique et raisonnable, sera exposée plus loin. Elle est en opposition formelle avec le théisme, car elle fait de Dieu un pur symbole.

Preuve tirée de l'idée de perfection. — Cette preuve, appelée *preuve ontologique,* est attribuée à saint Anselme. Elle se fonde sur ce que l'idée d'existence est impliquée dans celle de perfection et permet de conclure de l'essence parfaite à l'existence parfaite, de la possibilité de la perfection à la réalité actuelle d'un être parfait. « Si l'être parfait n'existait pas, on pourrait en concevoir un plus parfait, à savoir, le même être avec l'existence en plus, un Dieu réel étant supérieur à un Dieu idéal, ce qui est contre l'hypothèse. »

Cet argument, qu'on a qualifié d'ingénieux, est un pur sophisme. Son principe est faux, l'existence n'est pas une perfection, ainsi qu'on la vu en Ontologie. Si la perfection idéale impliquait l'existence nécessaire, toutes les choses conçues comme parfaites existeraient par le fait même qu'elles se conçoivent. Telle fut, dit-on, l'objection d'un moine contemporain, qui réduisit l'argument à l'absurde. « Les Iles Fortunées sont dans mon esprit les plus parfaites que l'on puisse imaginer; donc ces îles existent quelque part, sinon elles ne seraient pas parfaites. » E. Rabier fait justice de la preuve ontologique au nom de la logique : « Dieu est, par définition, l'être qui possède toutes les perfections; or l'existence est une perfection, donc Dieu possède l'existence. — Accordons les prémisses et considérons simplement la conclusion. Le sujet *Dieu* y est nécessairement identique à celui des prémisses; car il va de soi que le sujet sur lequel on raisonne est celui pour lequel on conclut. Or, dans les prémisses, le sujet *Dieu* est simplement un concept, une idée, puisqu'il s'agit justement de prouver l'existence de Dieu en partant de son idée. Donc, dans la conclusion, *Dieu* est encore un concept ou une idée. Ceci posé, considérons l'attribut *existence*. En quel sens faut-il entendre ce mot? S'agit-il d'une existence simplement conçue ou idéale? S'agit-il d'une existence *réelle* ou objective, en dehors de l'esprit? S'il s'agit d'une existence simplement idéale, nous accordons qu'un semblable attribut puisse être enfermé dans le sujet : le jugement est légitime, mais il ne nous apprend rien sur l'existence objective de Dieu, qui est en question. S'il s'agit d'une existence réelle, comment un semblable attribut peut-il convenir à un sujet idéal? Si le sujet est dans mon esprit, comment l'attribut pourrait-il être hors de mon esprit? Un tel attribut est contradictoire à la nature même du sujet, car il est contradictoire que l'attribut ne soit pas de même ordre que le sujet. » Une perfection idéale n'existe qu'idéalement. Des arguments de cette valeur font autant de tort à la théodicée qu'à la métaphysique, qu'ils discréditent.

Preuve tirée des miracles. — Il convient, en terminant la discussion des preuves de l'existence de Dieu, de dire quelques mots de la question des miracles souvent invoqués par les théistes.

Le *miracle* doit se définir : une intervention directe et

manifeste de Dieu dans les événements soit de l'ordre
physique soit de l'ordre moral. « Aucune intervention
d'un être supérieur dans les affaires humaines, dit Renan,
n'a été sérieusement établie par l'histoire. Ce n'est pas
au nom de telle ou telle philosophie, c'est au nom d'une
constante expérience que nous bannissons le miracle de
l'histoire. Nous ne disons pas : Le miracle est impossible ;
nous disons : Le miracle n'a jamais été constaté. Une
constante expérience, confirmée par la science la plus
exacte, nous a prouvé que l'hypothèse primitive des causes libres particulières hors de nous est tout à fait erronée. Au-dessus de la volonté de l'homme on n'a constaté
dans la nature aucun agent intentionnel. La nature est
inexorable ; ses lois sont aveugles. La prière ne rencontre nulle part aucun être qu'elle puisse fléchir. Aucun
vœu n'a guéri une maladie ni fait gagner une bataille.
Mais, pour arriver à cette vérité, il fallait des générations
de bons esprits combinant leurs efforts. Aucun des miracles dont les vieilles histoires sont remplies ne s'est passé
dans des conditions scientifiques. Une observation qui
n'a pas été une seule fois démentie nous apprend qu'il
n'arrive de miracles que dans les temps et les pays où
l'on y croit, devant des personnes disposées à y croire.
Si la science a chassé du monde les dieux spéciaux et
locaux, elle ne favorise pas davantage l'hypothèse d'une
seule Providence entrant dans le détail des faits particuliers de cet univers. »

D'ailleurs, toutes les religions, quelles qu'elles soient,
invoquent de nombreux miracles à l'appui de leur autorité. Or, il ne peut y avoir qu'une religion vraie ; donc de
tous les faits dits miraculeux également prouvés, aucun
n'est probant. Les miracles contradictoires sont détruits
l'un par l'autre, c'est-à-dire ramenés à des phénomènes
purement naturels.

En résumé, les preuves alléguées par les théistes ne
prouvent rien. Vacherot conclut ainsi avec une certaine

rudesse : « Le monde n'est pas un effet, car il est lui-même sa cause efficiente. Le principe de tout ce qui existe, sous le rapport de la substance comme de la forme, c'est l'activité immanente, la virtualité plastique de l'univers. La vie universelle en est le développement, et l'esprit lui-même a pour base la nature. Il ne s'est point trouvé à la racine des choses, il en est le complément et l'épanouissement. Placer la première cause en dehors du système du monde en faisant un être de cette cause, en le décorant d'un mélange incohérent d'attributs physiologiques et de perfections métaphysiques, c'est créer une monstrueuse idole et nous condamner à une série de mensonges et d'absurdités. »

PANTHÉISME

Le panthéisme en général est un système qui considère la divinité comme immanente à la nature, c'est-à-dire comme intérieure, intime et identique aux choses, inséparable d'elles, impersonnelle. Le Dieu des panthéistes est une pure entité morale, un être de raison, sans réalité en dehors des mondes. Tout est en Dieu et Dieu est dans tout; infini, il contient tout, et tout s'unifie en lui. L'idée du fini, du multiple, du contingent, n'a pas de réalité. La création n'est que l'évolution interne par laquelle Dieu, toujours identique à lui-même, se manifeste, se détermine dans le temps et dans l'espace. Telle est l'essence du panthéisme dans ses trois variétés principales : l'*émanatisme*, le *formalisme* et l'*idéalisme*.

Émanatisme. — Selon les émanatistes, Dieu, existant de toute éternité comme être infini, personne vivante et indépendante, a voulu se manifester dans le temps par la création. Or la création ne peut se concevoir comme une production de l'être succédant au néant, mais comme une communication par Dieu de son propre être à des individus nouveaux, partageant l'être divin et possédant en lui leur personnalité distincte. Les créatures se distinguent donc de Dieu quant à l'individualité, mais se confondent en lui quant à la substance, qui est limitée chez elles, infinie chez Dieu. Chaque degré d'être, chaque principe d'action, chaque intelligence, est une conscience divine. Mais cette distinction personnelle ou individuelle qui sépare Dieu des créatures doit cesser un jour; l'unité originaire se rétablira par l'absorption complète des créatures dans la personnalité divine. De même qu'un fleuve issu par évaporation des eaux de la mer y retourne après avoir parcouru des régions diverses, ainsi le monde et Dieu s'identifieront de nouveau. Cette thèse renouvelée des anciennes écoles a été reprise de nos jours par l'*école humanitaire*.

On conçoit la pluralité de substances dans une même personne, mais la pluralité de personnes dans une seule et même substance est un concept contradictoire. La participation de tous les êtres à la substance divine ne pourrait s'expliquer que de deux manières inadmissibles : ou par la division de la substance divine entre les individus, ou par la co-possession indivise (à l'instar du dogme chrétien de la Trinité), ce qui impliquerait pour chaque co-possédant une égale infinité.

Formalisme. — Ce second système panthéiste va plus loin que le premier. Il nie entre Dieu et le monde non seulement toute distinction substantielle, mais encore toute distinction personnelle.

Selon les formalistes, Dieu n'est pas une personne, un individu doué d'intelligence et de volonté, car il est l'être infini; or l'être infini ne saurait constituer une individualité distincte. Comme individu il serait limité, fini. En effet, la personnalité détermine, limite un être. L'être divin ne peut donc se concevoir que comme une force diffuse, répandue à l'infini et qu'aucune personnalité ne circonscrit. Cette force constitue la réalité substantielle de tous les êtres individuels que nous concevons. Considérée en elle-même, indépendamment des individus, elle ne serait qu'une pure abstraction sans réalité. Il faut en conclure que tous les êtres sont identiques entre eux sous un certain rapport, c'est-à-dire en tant que participant à cette force unique. Mais en même temps ils se distinguent les uns des autres comme formes réelles ou modalités diverses que la force infinie produit continuellement. Ces formes sont de deux sortes : la pensée et l'étendue. La première constitue le monde spirituel, la seconde le monde corporel. Telle est la doctrine de Spinoza.

Ce système est très séduisant par sa simplicité et la solution facile qu'il fournit au problème de l'origine des corps. Il se rapproche beaucoup de l'hypothèse naturaliste. Mais on ne saurait admettre dans une seule substance deux modes incompatibles comme la pensée et l'étendue. Il semble établi d'ailleurs qu'une substance pensante est un concept contradictoire. La seule chose à retenir du système formaliste, c'est l'idée de la substance unique; mais la question de Dieu reste à résoudre.

Idéalisme. — L'idéalisme considère toute distinction entre les êtres comme purement subjective. Objectivement, il n'y a que l'être en soi, sans forme, par conséquent sans différence entre fini et infini, entre matière et esprit. La réalité objective des êtres est donc une pure abstraction, qui ne devient concrète que par l'esprit qui la détermine. C'est le *devenir*. Indéterminé en soi, le *devenir* peut revêtir toutes formes. Dans ce système, Dieu n'existe pas encore, il se fait, il devient, il est l'avenir, le progrès sans terme, le perpétuel *fieri* (Renan). En dehors de l'homme, il n'y a dans le monde que de la logique aveugle et de la force brutale; mais si l'humanité devient intelligente et bonne, c'est par elle que la finalité, la justice, la bonté entreront dans le monde. Comme c'est le rôle de la plante de donner la vie à la matière, et le rôle de l'animal de lui donner l'activité volontaire, ce

peut être le rôle de l'humanité de lui apporter la justice.
Supposer ces œuvres de notre esprit dans le flot anté-
rieur des phénomènes, c'est commettre un anachronisme,
c'est être dupe d'une illusion mentale (Coste).

Un second système idéaliste est celui de Hégel, dont
voici le résumé. Tous les concepts de notre esprit se ramènent en dernière analyse à l'idée d'être. L'être est conçu
par nous avec divers caractères qui d'une part se suppo-
sent mutuellement, d'autre part s'excluent l'un l'autre.
Ainsi le fini et l'infini sont incompatibles et ne peuvent
cependant se concevoir l'un sans l'autre. De là la nécessité de chercher en dehors du fini et de l'infini un autre
terme qui ne soit ni infini ni fini, mais qui puisse devenir
l'un et l'autre. Ce terme est l'idée de l'être considéré
dans le sens le plus général, c'est-à-dire sans aucunes
propriétés, modes ou déterminations. C'est un moyen
terme entre l'être proprement dit et le néant. C'est le
possible, qui n'est encore rien de réel, mais peut devenir
quelque chose. Ce possible, se manifestant par des notions abstraites, crée les sciences idéales; par les phénomènes matériels, la nature; par les phénomènes intellectuels, le genre humain.

ONTHÉISME

Ni le théisme ni aucun des systèmes panthéistes ne
répondent pleinement au concept de Dieu, c'est-à-dire
à l'idée de raison d'être universelle, de cause première
et suprême de toutes choses. Pour obtenir le véritable
objet de l'idée de Dieu, il faut le chercher en dehors de
toute existence, car toute existence est variable, soumise
à la loi d'évolution; il faut recourir à la notion ontologique de l'Être en soi, de l'être proprement dit, de l'absolu, dans lequel toute vérité, tout bien, toute beauté,
trouve sa réalité essentielle. Le vrai Dieu, le seul Dieu
rationnel, est le Dieu ontologique, qui est à la fois le fon-

dement de toute pensée, le but de toute activité, l'objet de tout amour.

Le Dieu ontologique est le vrai absolu, la vérité en soi, l'être en soi; il comprend donc toute réalité dans son extension; il est l'infini, le nécessaire, l'immuable. Mesure du vrai et du faux, du possible et de l'impossible, il domine tous les concepts; il embrasse tous les rapports nécessaires, c'est-à-dire toutes les lois. En lui résident tous les principes, tous les types, car il est l'essence, la nature intime des choses, la loi suprême d'où dérivent toutes les lois, non seulement les lois mathématiques, mais les lois physiques et physiologiques dont il forme l'unité, car il embrasse dans leur ensemble toutes les relations dynamiques, cosmiques et quantitatives qui règnent entre les existences. Toute réalité a son fondement en lui; il est donc vraiment la raison d'être de toutes choses. Sans être le créateur de la substance, éternelle dans son existence, il est cause de son activité, puisque la substance est une force, c'est-à-dire une puissance en exercice, un degré d'être en acte. Mais le Dieu ontologique est distinct de la substance existante; il est l'essence universelle. La substance et Dieu ne sont pas deux éternels coexistants, comme dans le système dualiste de la matière et de la pensée. La substance *existe* éternellement, le Dieu ontologique *est* éternellement. C'est par la substance seulement que l'être peut exister, et réciproquement c'est selon l'être que la substance existe; car l'existence est un acte; or tout acte relève de l'être, toute évolution obéit aux lois de l'être; toute existence est soumise à l'être, aucune ne peut se soustraire à son empire, c'est-à-dire aux lois de la nature, qui sont les lois essentielles de l'être. Le Dieu ontologique n'est pas extérieur aux choses, mais immanent à la Nature; celle-ci est sa réalité existentielle, comme lui-même est la réalité essentielle de tout ce qui existe, vit ou pense.

Le Dieu ontologique est le bien en soi, le bien absolu, le terme de toute finalité, la règle de toute moralité, la source de toute justice, le principe de tous les droits, de tous les devoirs; il est l'autorité suprême qui commande à toute volonté, la mesure du juste et de l'injuste; il est le but de toute activité, de tout progrès.

Le Dieu ontologique est le beau en soi, le type éternel de toute beauté, le principe de tout art, la source de toute émotion, de toute jouissance esthétique. Il embrasse l'idéal entier; il est l'amour, l'attraction morale universelle, la raison d'être de tout sentiment.

Vérité suprême, lumière de tout entendement, source intarissable de tout savoir, science universelle, j'aspire sans cesse à te connaître mieux; tous mes efforts tendent à percevoir quelques rayons du foyer qui est en toi; chaque pas fait dans cette voie élève et dilate ma pensée, ennoblit mon âme, fortifie mon infirmité. A travers le voile qui te cache à mes regards, à mesure que ton mystère se laisse découvrir par l'étude, je conçois ta grandeur, ta majesté infinie.

Bien souverain, fin suprême de toutes choses, loi du progrès, ma volonté s'incline et se dirige vers toi; j'obéis docilement à ton ordre éternel, j'invoque ta justice inaltérable contre l'injustice des hommes, cherchant en toi un refuge contre le mal qui m'entoure, contre les coups du sort aveugle, attendant de toi seul le prix de mes efforts, la récompense du devoir accompli, dans l'intérêt d'un avenir qui est encore le mien, puisqu'il est celui de l'humanité.

Beauté increée, idéal dont toute beauté n'est qu'un reflet, toi qui inspires l'artiste, enivres le poète, délectes le savant, je te cherche et je te rencontre partout, dans la nature, dans les sciences, dans les lettres, dans les arts, dans le spectacle des grandes choses; tout ce qui aime est attiré vers toi; toute imagination se repaît de ta grâce. Splendeur du vrai et du bien, en toi résident le seul charme de la vie, la consolation de nos maux, la paix de nos luttes, le repos de nos fatigues.

Vrai Dieu que le mensonge et l'erreur s'efforcent de

défigurer et de profaner, je t'adore en silence, avec res-
pect, avec amour, dans ton vrai temple qui est un esprit
libre, un cœur bienveillant, une conscience droite et
pure. Dieu de la raison, Dieu unique, c'est pour te prouver que cet humble livre a été écrit : puisse-t-il n'être
pas indigne de son objet!

SOCIÉTÉ ANONYME D'IMPRIMERIE DE VILLEFRANCHE-DE-ROUERGUE
Jules Bardoux, Directeur.

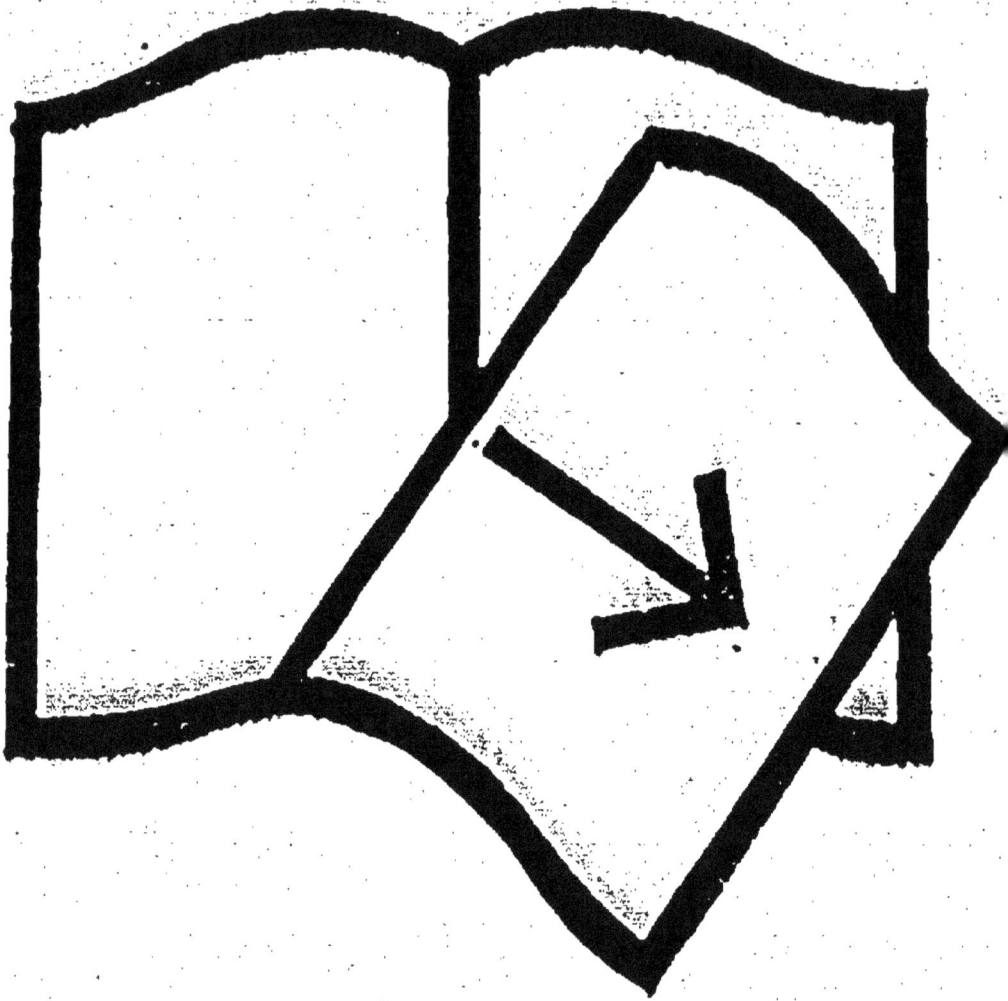

Documents manquants (pages, cahiers...)
NF Z 43-120-13

www.ingramcontent.com/pod-product-compliance
Lightning Source LLC
Chambersburg PA
CBHW050017100426

42739CB00011B/2685